JN410413

그림엽서 속으로

김혜자 수필집

그림엽서 속으로

김혜자 수필집

1판 1쇄 인쇄/ 2017년 5월 10일
1판 1쇄 발행/ 2017년 5월 15일

지은이 / 김 혜 자
펴낸이 / 우 희 정
펴낸곳 / 도서출판 소소리

등록 / 제300-2007-21호
주소 / 03073 서울 종로구 성균관로 5길 39-16
전화 / 765-5663, 010-4265-5663
e-mail: sosori39@hanmail.net
www.sosori.net

값 12,000 원

*잘못된 책은 바꿔드립니다.

ISBN 979-11-5891-074-7 03810

김혜자 수필집

그림엽서 속으로

책을 내면서

흐르는 마음

강물이 흐르듯 내 마음도 한곳에 머무르지 못하고 흐르고 있다. 맑음을 유지하려면 아무리 큰 파도도 품에 안고 가야만 한다. 썩지 않기 위해 자연의 순리에 순응해야 한다. 물이 흘러 땅을 적시고 생명을 싹트게 하듯 흐르는 삶을 배우기 위해 나는 오늘도 보헤미안이 된다.

태평양을 건너온 긴 세월과 틈새를 메우기 위해 글을 쓰기 시작했다. 춥고 어두웠던 지난날 외로움과 고독을 반추하고, 새로운 삶에 도전하는 나만의 이야기를 세상에 드러냈다. 시류(時流)에 휩쓸려 닫혀버린 마음의 벽을 헐기에는 많은 인내와 시간이 필요했다. 하루하루 견디는 힘, 최선을 다했던 그 힘이 오늘의 나를 만들어 왔기에 지금은 누구보다 나 자신을 사랑하고 싶다.

세월의 흔적이 담긴 나의 이야기가 세상에 얼굴을 내밀었다. 꼼꼼히 평을 써주신 이상보 박사님. 그리고 깊은 애정으로 문학의 길로 인도해주신 강병남 회장님께 깊이 감사를 드린다. '수필가는 글로써 승부해야 한다'고 사랑의 채찍으로 이끌어 주셨으니 고마울 따름이다. 또한, 사랑하는 나의 어머니에게도 깊이 감사를 드린다. 수필가이신 93세의 어머니는 『인생은 예술품』이라는 수필집를 출간하셨다. 아울러 아름다운 글을 쓸 수 있도록 응원과 사랑으로 보살펴 준 내 인생의 귀한 동반자인 남편 Frank(프랭크)에게도 감사와 기쁨을 함께 나누고 싶다.

이국의 삶에서 서로 의지하고 격려를 아끼지 않은 친구와 이웃이 있었기에 오늘의 내가 있음은 부인할 수 없는 현실이다. 소중한 나의 삶에 격려와 사랑으로 함께해준 주위의 친구들과 오레곤문학회 회원들이 있었기에 책이 출판되었다. 모든 분께 감사와 사랑을 나누고 싶다.

2017년 봄

저자 김혜자

▶차 례

2. 짧지만 긴 여운

3. 아름다운 세상

4. 다 지나간다

1.

추억을 파는 마을

외로워도 참아야지

구십이 넘은 엄마가 보고 싶어 하와이에 왔다. 얼마 전까지만 해도 내가 기대고 의지하던 엄마였는데, 올 때마다 달라지는 행동과 얼굴을 보면서 삶의 무상함을 느낀다.

요즈음에는 하와이에 와도 내가 할 수 있는 일이 차츰차츰 줄어든다. 엄마와 나의 행동반경이 좁아지기 때문이다. 늘 엄마 옆에서 친구처럼 도와주신 고마운 분들과 식사를 하는 것 이외는 별로 할 일이 없다. 전에는 동이 트는 와이키키 해변도 걸었고, 야자수 아래에 앉아 정성껏 싸가지고 온 색색 가지의 음식을 펼쳐놓고 최고의 만찬을 즐기며 큰소리로 노래를 함께 부르기도 했다. 때로는 넓은 쇼핑센터를 휘저으면서 희희낙락 마냥 즐거웠다. 지금은 시장에서 무거운 쌀이나 가루비누를 엄마

대신 사 오는 것 외에는 함께할 수 있는 일이 없다.

그 대신 엄마와 함께 집에 있는 시간이 많다. 나는 책을 읽고 엄마는 글을 쓴다. 다행히도 아직 정신을 놓지 않고 강한 의지력으로 글을 쓰는 엄마이다. 조용해서 방으로 들어가 보면 손에 만년필을 쥐고 숨소리 높이며 낮잠을 주무시기도 한다. 별을 좋아하고, 비를 좋아하고, 눈을 좋아하고, 꽃을 좋아하는 감정이 풍부한 엄마다. 이젠 삶의 무거운 멍에를 내려놓은 지 오래다. 몸은 쇠약해질 대로 쇠약해져 생명의 불꽃이 사위어가는 모습이 안타까워 볼수록 눈물이 난다.

한국의 나이별 인구 통계를 본 적이 있다. 현재 75세라면 80세까지 생존할 확률은 56%, 85세까지 생존할 확률은 28%, 90세까지 생존할 확률은 9%라는 조사 보고서다.

즉 90세가 되면 75세였던 100명 중 91명은 저세상으로 가고 9명만 생존한다는 계산이다. 9%내에 든 엄마는 혼자 사시면서 글을 쓰고, 잔병도 없어, 감사할 뿐이다.

엄마와 헤어지기 전날 동생 부부와 함께 오아우섬을 한 바퀴 돌았다. 돛단배들이 보이는 바닷가 작은 식당에서 아침 겸 점심을 먹고 모래밭에 앉아 동생이 타는 서핑(Surfing)을 구경했다.

동생에 대한 엄마의 사랑은 각별했다. 자식 사랑은 다 같다고 하지만, 우리 엄마에겐 그 말이 통용되지 않는다. 동생에 대한 사랑은 사랑을 넘어 집념으로 굳어져 있다. 차만 타면 피곤하여 눈을 감고 금방 잠이 드는 엄마지만 동생의 차를 타면 행동 하나하나, 말소리 하나 놓치고 싶지 않아서 야단이다. 침침한 눈은 광채가 나고 얼굴에는 희색(喜色)이 돈다. 그런 아들이 옆에 있고, 먼 곳에서 딸까지 왔으니 엄마는 소풍 가는 어린애 같이 마냥 즐겁고 기쁘기만 하다. 하늘도 푸르고 햇살도 눈부셔 출렁이는 파도 위를 나는 갈매기도 그림 같다. 그곳에 자식들과 함께 있는 엄마의 마음은 구름 위로 나는 풍선같이 하늘로 솟구치는 것 같다. 자식이 무엇이기에 목마른 화초처럼 자식들을 기다리는가. 시들었던 화초가 물을 마시고 생기를 찾고 꽃을 피우듯이 우리를 보는 것으로 자양분을 느끼는 엄마가 애처롭기 그지없다.

인간은 누구나 태어났으면 언젠가는 저세상으로 가는 것이 자연의 섭리다. 지는 해를 어이 막을 수 있으랴. 보기에도 황혼으로 기우는 엄마의 내리막 인생길은 너무 슬퍼 보인다. 볼수록 코끝이 시큰거리고 가슴이 미어진다. 개울물 흐르듯 졸졸 흘러간 세월. 창문 사이로 들어온 오후의 햇살이 엄마의 하얀 머리 위에 내려앉는다. 내일을 설계할 수 없는 빈 마음의 삶, 한숨과 그리움만 있는 오늘이다. 욕심이 있어야 욕망도 생길 텐데 목적 없는 기다림만 있을 뿐이다. 오늘은 자식이 찾아올까? 어느 친구가 문을 두드릴까? 아냐, 비가 와서 못 오겠지, 바람이 불어서 못 오겠지! 방안에 놓인 인형하고 미소 지으며 화초하고 글을 벗 삼아 지내는 엄마.

'엄마, 찾아오는 사람 없어도, 너무 슬퍼하지마. 친구들이 찾아오면, 물론 기쁨도 있고 따뜻한 위로도 되지만 헤어질 때는 섭섭하고 또 외로워지잖아. 사람을 통하여 얻는 행복은 사람을 통해 슬퍼지기 때문이야. 볼 수 있고 들을 수가 있는 많은 친구가 엄마 곁에 있잖아. 뒷창문 열면 전나무도 변함없이 엄마를 반기고 앞마당에는 엄마의 손길을 기다리는 플루메리아(Plumeria) 꽃도 있고, 방에는 입을 벌리고 먹이를 달라고 눈을 떼지 않는 금붕어도 있고, 아침이면 베란다 앞 오키드(Orchid) 꽃을 찾아오는 나비도 있잖아, 엄마에게 그런 하루가 있다는 것이 얼마나 행복해!'

아직 밖은 깜깜하다. 지친 가로등만 희미하게 거리를 서성거린다. 새벽 비행기를 타야 하기에 일찍 서둘러 나왔다. 엄마는 등 뒤에서 울고 있다. 자동차 뒷거울에 희미하게 보이는 엄마의 몸체가 점점 작아진다. 하지만 내 귓가에 울음소리는 점점 크게 들린다. 나는 지금 9%의 삶을 뒤에 두고 떠나는 중이다.

위로의 말 대신 나도 울며 혼자 중얼거렸다. 외로워도 참아. 그래도 엄마는 남들이 그리도 살고 싶어 하는 9%의 삶을 지금 즐기잖아. 또 올게….

검은 황금의 나라

밖은 아직 캄캄하다. 높이 솟은 모스크(Mosque)에서 예배 시간을 알리는 아잔(Azan)의 소리가 새벽공기를 가르며 잠을 깨운다.

쿠웨이트에 온 지 6개월이 지났지만, 예배를 보기 전에 행해지는 아잔소리에 적응하기가 무척이나 힘들었다. 어렸을 때 듣던 예배당의 새벽종 소리는 참 정겨웠다. 불국사에서 경문을 독송하는 목탁소리는 친근감이 느껴져 좋았는데 알아듣지 못할 말로 소리를 지르는 무에진(Muezzin) 육성은 머리를 아프게 한다. 골목마다 하나씩 있는 모스크에서 동시에 하루에 다섯 번씩 쩌렁쩌렁 스피커로 기도 시간을 알리는 소리를 듣는 것은 곤혹스런 일이다.

남편이 만들어 놓은 진한 커피 향기가 온 집에 펴진다. 응접실 대리석 바닥에는 간밤에 창문 틈으로 들어온 모래 먼지가 세계지도를 그려 놓았다. 매일 닦아도 뿌연 모래 먼지가 문틈으로 들어와 구석구석에 쌓인다. 분말 같은 모래바람이 불고 나면 비가 내렸다. 천둥과 번개를 동반한 소나기가 쏟아지고 나면 도로에 물이 넘치고 교통은 번잡해진다.

이곳 쿠웨이트는 경상북도 크기의 면적을 가진 좁은 나라지만, 세계에서 4번째로 부자 나라다. 서남쪽으로 사우디아라비아, 동쪽에는 페르시아만, 북쪽으로는 이라크가 있고 미국군대가 주둔하고 있는 나라다. 이 나라는 꿈 같은 복지국가다. 태어나는 순간부터 매달 2천 달러씩, 죽음에 이르는 순간까지 전 국민에게 주어진다. 22세 대학을 졸업할 때까지 총합계 약 5만 달러를 받는다. 전 세계 석유 매장량의 10%가 쿠웨이트에서 생산되고 국가 재정 95%가 석유로 지탱하며 나머지 5%는 서방국가에 투자하여 국민에게 혜택을 준다. 대학교까지 무료이며 해외 유학 시 교육비, 항공료와 매달 생활비도 지급되는 나라다. 그래서 그런지 돈을 벌려고 온 이방인들이 이곳에 몰려있다. 고급인력과 저급인력 가릴 것 없이 이방인들이 쿠웨이트 주민보다 70%가 더 많다. 우리도 그들 중의 하나였다. 5m만 파면 어느 곳에서든 석유가 나오는 검은 황금의 나라에 미국도 많은 고급인력을 수출하여 이곳에 주둔하고 있다.

무척 다행인 것은 치안이 잘 되어 있어 테러위험이 낮고 범죄도 다른 나라에 비하여 적은 편이다. 술과 유흥지(night club)를 나라에서 금하고 있기에 두바이, 아부다비, 바레인, 그리고 카타르와 비교하면 범죄가 적다. 우리가 사는 아파트는 걸프만 해안선을 따라 형성된 도로변에 있고 거실에서 해안 풍경을 볼 수가 있는 건물이다. 우리 단지에도 모스크가 중앙복판에 자리 잡고 첨담(Minaret) 꼭대기에서 예배 시간을 알리면 모든 이슬람 교인들은 가던 길을 멈추고 땅에 엎드려 무릎을 꿇고 기도를 한다. 쿠웨이트 사람들은 먹고 자는 것 이외는 기도 하는 것밖에 하는 일이 없는 것 같다.

쿠웨이트 국제공항은 부유한 나라답지 않게 지저분하고 복잡하다. 이들은 82% 생활을 외국인에게 의존하며 살지만, 외국인에게 불친절하다. 쿠웨이트 대학교에서 발표한 통계를 보면 쿠웨이트 사람들이 일하는 하루의 생산성이 8분이라고 한다. 공무원 대부분은 커피와 차를 마시고 잡담하며 개인 일을 보고 점심, 기도 등으로 하루를 보낸다. 열심히 일해서 돈을 버는 나라가 아니고 어느 날 갑자기 쏟아진 기름에 의해 부자가 된 나라이기 때문이다. 부(富)에 편승해 하녀와 하이스(남자 하인)를 거느리지만, 생산성이 지구상에서 제일 낮은 나라다. 국가에서 결혼, 자식 양육, 교육비, 의료비, 전기, 수도세 등 일체를 지원하다 보니 일하려는 의욕이 사라졌다. 고속도로는 고급차 전시장 같은데 운전은 과속과 난폭 운전으로 세계에서 악명이 높다.

어둠이 내리면 도시는 갑자기 분주하고 생기가 돈다. 낮잠을 끝낸 하얀색의 뚱뚱한 아랍남자와 검은색으로 몸을 감은 여인이 늦은 저녁 식사와 쇼핑을 하려고 고급 차를 몰고 시내로 나온다. 물보다 기름이 싼 덕분에 도시는 온통 전등으로 반짝이고 활기가 찬다. 쇼핑몰에는 없는 것이 없이 최고급 명품으로 가득 차있고 물가는 미국보다 3배가 더 비싸다. 사람들이 사는 방법도 가지가지다. 외국인들은 아랍사람의 손과 발이 되어주고 머리도 되어준다. 그곳에선 외국인도 아랍사람들의 방식으로 생활해야 한다.

나는 쿠웨이트에 살면서 내가 중동에서 태어나지 않은 것을 하나님께 늘 감사했다. 국가에서 주는 혜택으로 공부는 할 수 있을지 몰라도 게으르고 나태한 그들의 생활습성이 싫었다. 오십 년 후엔 석유가 고갈된다고 한다. 그들은 다시 낙타무리를 방목하는 유목민으로 돌아갈 것인지, 미래의 대책도 준비도 없는 삶이 좋아 보이진 않았다. 오만하게 인종차별이 심한 이곳 사람들이 싫다. 남자는 4명의 아내를 거느릴 수 있다는 풍속도 싫다. 남성 우월주의에 순종할 자신도 없다. 게다가 시간 개념이 없어 약속을 잘 안 지켜도 별로 신경 쓰지 않는 유목민의 타성도 이해하기가 힘들다. 그들이 생각하는 시간 약속은 오로

지 아침, 점심, 저녁으로 구분될 뿐이다. 생각에 따라 고무줄처럼 짧아지기도 길어지기도 하는 그들의 시간관념은 매번 나의 분통을 터뜨렸다. 어디 그뿐인가? 한 달 단식으로 지옥문이 닫히고 천국의 문이 열린다는 라마단을 지킬 자신도 없다. 윤기 흐르는 머리카락은 뱀처럼 남자를 끊임없이 유혹하는 사악한 존재로 취급하는 데서 유래된 거추장스러운 부르카(머리에서 발끝까지 온몸을 감싸고 입은 검은 옷)를 입고 거리를 활보할 자신도 없다. 이런 나의 마음을 미리 알고 자유의 땅에서 삶의 여정을 펼치게 해주심에 늘 감사하며 산다.

검은색 금으로 덮인 중동에 잠시 살면서 내가 선택된 사람임을 더욱더 실감했다. 삶을 몸으로 느끼고 배우는 살아있는 교육장이었다. 하나님께 감사하는 마음이 날로 깊어간다. 나는 금보다 자유와 인격을 더 신봉하기 때문이다.

추억을 파는 마을

가을이 다가오고 있다. 말이 살찌고 하늘이 높은 날 남편과 함께 가을 여행을 떠난다. 샌프란시스코, LA, 시애틀, 시카고, 뉴욕 또는 워싱턴 등 큰 도시를 제외한 미국 내륙의 작은 고장을 나는 시골로 생각해왔다. 전부터 남편은 남서부에 있는 브랜슨(Branson)으로 여행을 가자고 했을 때 몇 번 거절했다. 유명한 곳도 많은데 촌 동네에 가서 무엇을 보느냐는 것이 나의 생각이었다.

브랜슨은 미주리 주(Missouri) 남쪽지대 아칸소 주(Arkansas)와 인접해있는 인구 1만 명이 조금 넘게 사는 작은 도시다. 소도시지만 매년 10만 명의 관광객이 몰려오는 미국인에게는 제법 유명한 휴양지다. 옛 향수(鄕愁)를 그리워하는 관광객이 가족과 함께 하나하나 모인 곳이다. 좋은 음악을 들으면 기분을 끌어올리고 에너지가 생산된다. 이 작은 도시는 오자크(Ozark) 산줄기에 자리 잡고 아름다운 호수와 경관이 수련한 1880년대 미국 마을을 실감할 수 있게 그대로 재현한 민속촌 고장이다.

연중무휴로 100개가 넘는 쇼를 볼 수 있다. 소박함이 묻어나는 '바이블 벨트(Bible Belt)'로 불리는 남부 보수지역의 하나인 소도시로 쇼라는 쇼는 이곳에 모두 모인 것 같다. 쇼를 시작하기 전에 극장마다 애국심과 가족의 중요성을 강조하고 있다. 종교적이고, 보수성이 강한 인생관이 작은 고장의 매력에 나는 흠뻑 젖었다.

가장 인상적인 것은 거미줄같이 시골길을 누비는 도로에 교통경찰관이나 경찰차를 한 번도 본 적이 없다. 얼마 전, 같은 주 북쪽에 속해있는 세인트루이스(St. Louis)의 위성 도시 중 하나인 퍼거슨(Ferguson) 도시에 담배를 훔치다 거친 몸싸움으로 숨진 마이클 브라운(Michael Brown) 총격 사건은 도시를 불안에 들끓게 했다. 요즈음 툭하면 경찰관과 충돌하는 사건이 유행처럼 미국 전체에서 일어나고 있다. 몽둥이 휘두르며 데모를 하는 사람은 자기 권리를 찾는 사람이고, 매 맞고 쓰러지며 불길을 진압하는 경찰관은 대역의 폭도로 변질하고 있다. 얼마 전에는 휴스턴 외곽 주유소에 기름을 넣던 경찰관이 등 뒤에서 쏜 권

총을 맞고 비명횡사한 것을 비롯하여 지난달에 전국 경찰관 8명이 직무수행 중 피살되었다는 신문기사를 읽었다. 오죽하면 텍사스 한 고장에서는 'In God We Trust(우리는 하나님을 믿는다)'라는 표지를 달고 경찰차가 순찰할까!

미주리 주 남쪽에 있는 브랜슨은 북쪽 시끄러운 세상과는 다른 고장이다. 모든 스타일의 음악을 감상할 수가 있다. 자연 건축 양식에 따라 지어진 고급 숙박시설과 저렴하게 푸짐한 음식을 제공하는 식당이 줄지어 있어 관광객의 입맛을 돋운다. 극장마다 은퇴한 유명 컨추리 예능인의 멋진 노래를 듣고자 노인 여행객으로 가득하다. 라스베이거스는 젊은 현직의 유명 가수들이 모이는 곳이라면 이곳은 힘이 빠진 퇴직 예술가들이 모여 있다. 녹아드는 선율과 함께 처진 어깨를 스쳐 지나간 시간이 그리움으로 가득하다. 모든 것이 세월 따라 흔적도 없이 변해 가지만 그때 듣던 음악은 우리 안에 남아 있다. 옛 추억을 먹고 사는 연륜은 음악과 함께 공전하며 흘러나오는 짙은 멜로디로 옛날을 그린다. 지우지 못한 그리움이 뒹구는 낙엽과 함께 내 속으로 들어온다. 추억과 향수는 내가 한때 어떤 사람이었는지, 과거에 어떤 역경을 헤쳐 왔는지, 나의 존재인식을 상기하게 한다. 내가 사랑받은 적이 있고 또 사랑했던 기억들이 심장을 힘차게 뛰게 한다. 환호가 들린다. 무대 위에 노래하는 사람과 듣는 사람이 함께 승화되어 하나의 울림이 극장 안에 메아리친다.

우리는 왜 옛날에 듣던 음악에 연연하며 그리워할까? 좋은 차를 타고, 좋은 집에서 살고, 더 편리한 기구들을 쓰며 삶을 만끽하고 있으면서 가난했기 때문에 같이 나눌 수 있었던 인정, 단순하면서도 소박했던 마음이 그리워서일까? 서로 이해하며 배려했던 인정. 그 속에 '가족'이 있었고, '개인'보다는 '우리'라는 개념이 있었다. 잘 살기 위해 모두 노력하며 살았다. 가난했지만 남의 물건을 훔치고 약탈하고 도시에 불을 지르는 행위를 정당화하지도 않았다. 시대가 바뀌면서 가난이 자랑이고, 열심히 일한 사람들의 주머니를 엿보는 세상이 되어간다. 감옥은 만원이고 더 수용할 자리가 없기에 형벌은 감원되고 범죄는 늘어난다. '일하지 않는 자는 먹지도 말라'는 속담은 없어진 지 오래다. 안전하고 건강한 사회와 먼 불확정(The Age of Uncertainty) 시대에서 살고 있다. 국가를 사랑하고 헌법을 중요시하는 일등 국민은 점점 사려져 가고 있다. 건강한 정신에 기반을 두지 않은 풍요는 오래가지 못한다. 오늘같이 세상살이가 각박하고 살기 힘들 때 음악으로 잠시나마 마음을 달래보면 어떨까? 세대의 변화와 합류해 음악 듣는 즐거움을 잊고 살지 않았나 자문해 본다. 예술의 궁극적인 목적은 사람에게 감동을 주고, 정서를 순화시키고, 인격을 수양시키는 것이기 때문이다.

예술은 아는 것만큼 보이고, 보는 것만큼 들린다는 말처럼 멜로디와 가사 내용 따라 그 시대에 추억이 묻어있다. 음악을 들으면 마음이 풍부하고 윤택해진다. 멜로디가 안겨다 주는 가슴 타는 감정은 마음을 열게 하고, 행복으로 채워준다. 음악은 웃음이 주는 것과 같은 혈관 이완 효과를 준다. 음성이나 악기의 음색이 서로 융합할 때 독특한 아름다움을 창조해낸다. 닫혀있던 감성(感性)을 열고, 서로 사랑하고 순수한 마음으로 통합된 풍요한 사회로 변해가면 얼마나 좋을까? 생활에 불만이 쌓여도 사회적 유대감을 갖고 스트레스를 극복하는 새로운 가치와 새로운 행동 규범을 잘 지키는 사회가 되었으면 한다.

귀에 좋은 음악, 심장에도 좋다. 좋아하는 노래를 들으면 혈관 26%가 확장된다는 심장협회의 논문처럼 음악은 마음을 정화해주며 상처를 달래고, 치유해준다. 하루하루가 새로운 여행지에서 얻은 신선함으로 마음이 풍족해진다.

가을은 추억과 함께 온다. 시대를 풍미하던 음악 속에 가난했던 어린 시절이 있고 그리움이 있다. 나이가 들면 '입은 다물고 귀를 열라' 했다. 이번 여행은 반복되는 일상의 문제를 치유하고 마음을 풍성하게 살찌우는 풍만한 가을 여행이었다.

그 겨울 새벽시장

벌떡 일어나 앉았다. 어리둥절했다. 잠시 내가 어디 있는지 몰라 눈을 비비고 정신을 차려본다. 빗줄기가 제법 세차게 창문을 두들겼다. 포근한 이불의 감촉이 느껴지며 내려앉는 눈까풀 사이로 낯익은 가구가 들어왔다. 아직 한국과 미국 시간 차이에 적응이 안됐지만, 여행에서 돌아왔다고 생각하며 눈을 다시 감아본다. 바람소리가 들린다. 나무 사이를 비집고 일어나는 바람은 활기찬 새벽 남대문시장 소리같이 들렸다.

이번에 서울을 방문했을 때, 나는 시장구경을 갔다. 묵고 있던 호텔이 소공동에 있어, 혼자 남대문 새벽시장을 갈 수 있었다. 어둑어둑한 가로등을 따라 지하도를 건너 대낮같이 밝게 불빛이 켜진 시장에 들어섰다. 정겨운 사람 냄새와 물건으로 가득한 골목. 이곳저곳 기웃거리며 활기찬 사람의 발자국을 따라 그들의 뒤를 밟았다. 그 많은 세월이 지났는데 사람들의 모습은 변함이 없다. 옷장수 아저씨가 "단돈 만 원이요." 소리를 지른다. 차가운 새벽 공기를 뚫고 들리는 소리, 까맣게 잊어버렸던 목소리에 정겨움이 와락 다가왔다. 세월과 함께 모든 것이 변했지만, 남대문시장은 옛날과 다름없었다. 그래서 고향인가? 정겹고 훈훈한 말소리가 잊어가는 가슴을 헤치고 속속들이 채워졌다.

옛날 그 옛날, 지금은 저 먼 별나라에 있는 내 여동생과 함께 겨울 새벽시장에서 먹던 가락국수집은 어디 있을까? 여기저기 찾아보니 먹자골목이 눈에 보였다. 김이 모락모락 나는 가락국수 국물로 목을 축이고 싶어졌다. 그 겨울 추워서 벌벌 떨며 "맛있지?" 하고 나눠 먹던 동생의 얼굴이 떠올라 뜨거운 마음을 삼키며 발길을 돌렸다.

젊은 시절이었다. 무엇 때문에 우리는 남대문 새벽시장을 다녔는지 모른다. 때때로 토요일 새벽이면 아파트 현관 앞에 나와 기다리던 동생을 태우고 난 남대문시장으로 향했다. 힐튼호텔 주차장에 차를 세우고 킥킥거리며 장사꾼 흉내를 내면서 이 골목 저 골목을 누비고 다녔다. 큼직한 보따리에 구입한 옷을 잔뜩 들고 옆방에서 잠자는 남편이 깰까봐 숨을 죽이며 서로 번

갈아 옷을 입어 보며 웃었다. 그때는 그 일이 왜 그리 신나고 좋았던지? 살맛나는 세상이었다. 값싼 옷을 입고도 예쁘고, 멋있었던 젊은 시절은 이젠 다 그립고 가슴이 미어지는 옛날이야기다.

6백 년의 전통을 가진 남대문시장은 오늘도 그 자리에 있다. 어렸을 때 어머니 손을 잡고 가보던 희한한 물건이 가득한 도깨비시장, 단속반에 걸리지 않기 위해 감춰둔 미군 부대에서 흘러나온 초콜릿을 꺼내주던 양키시장, 어머니가 고향이 그리우면 즐겨 찾던 이북 실향민들의 아바이시장. 이름은 각기 다르게 불렀지만, 거기에는 삶의 애환과 뿌리가 깊이 박혀 있었다. 그곳 또한, 나 혼자만의 추억이 있는 곳이 아니라, 민족의 혼과 얼이 함께 담겨있는 전통의 광장이다. 인간의 행복이 더불어 사는 것이라면 남대문시장이야말로 순박하고 훈훈한 인간미가 샘솟는 곳이 아닐까?

빽빽이 들어선 고층빌딩 속에서 점점 이방인처럼 느껴지던 서울의 풍경. 차가운 겨울바람에 주춤거리던 나는 즐거운 남대문시장 나들이에서 내가 사랑해야 할 삶의 의미를 가득 부여안았다. 이국에서 낯설게 보낸 세월이 그들과 푸근한 흥정과 대화에서 따뜻한 나눔으로 이어졌다. 옛날 버릇대로 "깎아주세요. 너무 비싼데요."

"남는 게 없는데…. 그렇지만 인상이 좋아 깎아줍니다."

거짓말인줄 알지만 마주 보고 웃는다. 후덕한 미소를 나누던 그들의 모습에서 편안하고 자유로운 여유가 있어 보였다.

내가 찾는 남대문 새벽시장은 나의 사랑과 추억이 있어 늘 향수를 느끼게 하는 곳. 잊어버렸던 아주 작은 행복을 되돌아받을 수 있었던 곳. 행복이란 쉽고도 단순한 것임을 다시 느끼게 해주는 현장이다. 푸근한 인정을 느낀 것은 오랜만의 일이다. 정겨워 보이는 그들의 행복은 과연 무엇일까? 제법 무거워지는 봉지마다 따뜻한 인정과 미소를 함께 담아 아침햇살을 받으며 활기찬 시장거리를 나왔다.

들리는 것은 시계 소리뿐 집안은 조용하다. 빗소리도 그치고 바람도 잔잔하다. 남대문시장의 불빛이 사라지고 활기찬 목소리는 들리지 않아도 조용한 내 주위에 밝은 빛으로 환히 넘치고 있다. 남대문의 축제 같았던 생동감 있는 정겨운 소리가 별똥같이 나의 온 방에 펴진다.

피보다 짙은 사랑

봄기운이 물씬 나는 4월이다.

담장을 타고 늘어진 개나리 가지에서 봄향기가 흘러내린다. 새소리와 맑은 호수를 보고 싶어 산을 찾아 나섰다. 내가 사는 집에서 한 시간 정도 산길을 올라가면 벚꽃으로 뒤덮인 잘생긴 노송 아래에 작은 집이 있다. 사슴이 사는 골짜기에 있는 우리 별장이다.

계절 따라 변하는 산과 큰 호수를 안고 있는 명당이다. 10년 전 친구 부부의 별장에 초대를 받아 왔다가 한눈에 반한 곳이다. 도시와 머지않은 곳에 산과 호수의 경치에 홀려 친구 별장 근처에 나온 매물광고를 보고 단숨에 매입을 했다. 이 자그마한 집을 나는 사랑한다.

우리가 집을 구입하고 얼마 지나지 않아 친구 부부는 별장을 팔고 이사를 했다. 당뇨병이 심한 친구 남편이 더 이상 산에 올라갈 수 없다는 이유였다. 그들이 이사를 하고부터 우리도 잘 가지 않게 되었고 1년에 서너 번 지붕과 베란다에 쌓인 낙엽을 청소하러 간다.

얼마 전 사랑하는 친구 남편이 세상을 떠났다. 그는 6년이 넘는 세월을 병원과 집을 오갔지만, 합병증으로 욕창까지 겹쳐 많은 고생을 하다 돌아가셨다. 본인도 무척 고생했지만, 병간호하는 친구의 고충은 옆에서 보기 안타까울 정도였다. 열한 번의 다리 수술과 두 번의 눈 수술에도 효과 없이 식물인간이 된 그는 잠을 자듯 홀연히 그녀의 곁을 떠났다. 한 줌의 재가 된 그의 영혼은 상자 속에서 가족, 친구들과 마지막 작별 인사를 고했다. 할 말을 잃은 친구의 얼굴을 보니 목 놓아 울고 있는 것보다 더 깊은 비애로 다가왔다. 이미 눈물은 다 빠져 나갔고, 몸 안에는 수분이 하나도 남지 않은 듯 보였다.

장례식 며칠 전 나는 친구와 같이 밤을 지내며 많은 이야기를 나눴다. 평소 말이 없던 친구가 그날 밤 실타래를 풀어놓은 듯 밤새 남편 이야기를 들려주었다. 누구나 한평생 살아가는 모습을 보면 겉으론 비슷해 보일지 모르지만, 오직 부부만이 나눌 수 있는 깊고 깊은 둘만의 애처로운 비밀이 있다는 것을 그날 밤 알게 되었다.

친구는 직장 상사였던 남편을 만나 결혼을 했다. 명랑한 성격에 반해서 10년이 넘는 나이 차이를 극복하고 결혼을 했다. 결혼생활 29년 동안 남편의 사랑은 극진했고, 아무것도 할 줄 모르는 아내를 위해 온갖 정성을 다 바쳤다. 그래서인지 그녀는 6년 동안 힘든 줄 모르고 남편 간호를 했다. 너무 많은 사랑을 받고 살았기에 내 몸처럼 남편의 몸을 씻겨주며 소명감을 갖고 돌보았다고 했다. 살아 있는 것만으로 신에게 감사했다는 그녀의 말에 눈시울이 젖어 왔다. 끈끈한 부부애가 아니면 상상할 수 없는 일이다.

의사는 남편이 길어야 3개월이라며 특수 임종 병원으로 옮기라고 충고를 했다. 환자를 편하게 해주고, 남은 삶을 편히 마치고 갈 수 있도록 전문인들에게 맡기라는 권고였다. 그녀는 임종시설병원으로 가면 남편이 더 절망할 것 같아 집으로 옮겼다.

낯익은 생활공간 속에서 삶을 마감하게 하려는 그녀의 눈물겨운 배려였다. 얼마 전 부득이 남편을 남편 친구에게 맡기고 외출한 적이 있었다. 그녀는 남편 친구에게 놀라운 이야기를 들었다. '온몸이 24시간 동안 계속 아파 모르핀을 맞아야 진정이 되고, 약 기운이 없어지면 죽는 것보다 더 아픈 고통이 있어, 살고 싶지 않다. 그러나 나이 어린 아내의 지극한 정성과 자기가 간 후 아내가 어떻게 살아갈 수 있을까 하는 걱정에 죽을 수도 없지만, 지옥 같은 고통보다는 편안히 죽는 것이 본인의 뜻'이라고 하소연을 했단다. 그 말을 듣고 친구는 매일같이 혼자 울면서 고민하다 결론을 내렸다. 두려움과 싸우고, 사랑과 용기를 추구하며 노력했지만, 자신의 행동이 결국 남편에게 무서운 고통만 연장시키는 결과라고 생각하게 되었다.

그날 이후부터 남편이 휠체어를 타고 화장실에 갈 때마다 변기에 옮기는 일도 도와주지 않고, 매번 짜증을 내며 남편에게 화를 내기 시작했다. 남편은 자기가 떠나야 아내가 편히 살 수 있을 거라고 울며 고백을 했다. 어린 아내의 인내가 한계에 다다랐다고 느낀 것이다. 부부는 그날 밤 같이 붙들고 오랫동안 울었다. 다음날 새벽 휠체어에 앉아 눈을 감은 남편은 '안녕'이란 단 한마디도 남기지 못하고 조용히 세상을 떠났다. '만약 자기가 전처럼 돌보았으면 남편은 아프면서도 살겠다는 의지로 고통을 참으며 더 살았을 거라고' 그녀는 울먹였다. 고통을 덜어주는 것이 아내의 의무였기에 얼마 동안 남편에게 냉정하게 대한 것을 후회하는 마음은 없다고 했다. 이젠 남편이 고통 받지 않고 편히 쉴 수 있게 되어 자기는 슬프지 않다고 말했다.

친구 부부가 좋아했던 잔잔한 호수를 보며 그들이 함께한 시간을 떠올린다. 낮에는 호수에 배를 띄워 월척의 무지개송어(Rainbow Trout)를 잡으며 한가롭게 세월을 낚았던 순간들이 스쳐 지나갔다. 별이 내리는 밤이면 모닥불을 피우고 정다운 이야기로 찻잔을 기울이며 밤을 새웠고, 때로는 호수에 떨어지는 별똥을 보며 소원을 빌었다. 아름다웠던 순간들이 노을 속으로 사라졌다. 황혼 빛의 호수는 별을 안고 저물었다. 떠남의 상실감은 왜 늘 목이 메게 할까?

세상에 저물지 않는 것이 어디 있으랴! 피로 맺은 혈육보다 더 짙은 사랑을 나누던 남편과 아내. 죽음은 육체가 사라지는 것일 뿐 사랑에는 죽음이 없다고 믿는 그녀. 마음과 영혼은 또 하나의 다른 시간과 공간 속에 존재한다고 믿는 그녀의 사랑. 그는 분명 피보다 진한 사랑을 나누고 있음이 분명했다.

별똥별이 포물선을 그리며 호수에 떨어졌다. 잠시 외출했던 내 영혼이 나를 향해 돌아왔다. 밤하늘에 피어오르는 침묵을 베고 누운 남편의 얼굴을 바라본다. 그가 있기에 나는 행복하고, 풍요로운 사랑을 누리고 있다. 서로를 위해 열정으로 살아가는 우리 부부는 신(神)의 축복을 받은 사람들이다. 이 밤도 예외 없이 피보다 더 짙게 익어가는 사랑이 나의 작은 집에 가득 퍼진다.

우리 모두 나눔의 행복을

수십 년간 미국 방송계를 누비며 최고의 음악 해설가(DJ)로 명성을 날린 케시 케이젬(Casey Kasem)의 이야기다. 그분은 전신이 굳어져가는 파킨슨병과 치매로 오랫동안 투병생활을 하다 요양병원에서 생을 마감했다. 사망 전에 법정 보호자로 인정된 딸의 권한을 무시하고, 재혼한 부인이 남편의 시체를 화장하기 위해 아무도 모르게 옮기다가 문제가 발생했다. 유산 때문에 딸과 재혼한 부인은 죽은 시신을 놓고 법정에까지 갔다. 두 사람의 치열한 싸움으로 그는 죽어서도 평안히 잠들 수가 없었다는 슬픈 이야기다.

돈의 위력은 정말 무섭다. 돈에 웃고 돈에 우는 세상이다. 전쟁도 평화도 돈 때문에 일어나고 희비가 갈린다. '견금여석(見金

如石) 황금보기를 돌같이 하라'는 말이 있지만, 대부분의 사람들은 돈을 좋아한다. 영어속담에도 돈은 어떤 문제든지 모두 해결한다는 'Money talks'란 말이 있다. 아버지의 눈을 뜨게 하기 위해 심청이가 돈에 팔려갔고, 선한 베니스의 상인 안토니오가 돈벌레인 샤일록에게 1파운드에 팔렸다는 셰익스피어 희극작품도 있다. 세계문학 작가인 러시아가 낳은 악마적인 소설가, 표도르 도스토옙스키(Fyodor Dostoevsky)도 평생 지겹도록 돈 생각으로 집필했고 노동에 가깝게 생존을 위해 글을 썼다고 한다. 인류가 지상에서 존재하는 그때부터 돈은 모두가 갈망하는 부의 축적과 권력의 상징이 됐다.

힘과 위력을 가진 돈. 사람들이 인생에서 추구하는 목표가 무엇인가? 물론 사람마다 다른 대답을 할 테지만, 공통점은 원하는 것을 얻는 것이다. 즉 부자가 되고 출세하는데 목표를 두고 살아가기 때문이다. 이것이 사람들의 희망이며 바람이다. 돈이 있으면 인간은 타인을 지배하기도 한다. 돈은 범죄의 원인이 되기도 하고, 증오와 사랑의 근원이 되기도 한다. 수많은 명언을 남긴 벤저민 프랭클린(Benjamin Franklin)의 유명한 말 "시간은 돈이다(time is money)." 돈은 시간과 비교될 만큼 인간이 살아가는데 가장 중요하다는 뜻이다. 돈이 있으면 세상 살기에 편안한 것만은 사실이다. 그래서 '개 같이 벌어서 정승같이 쓰라'는 한국 속담이 있지 않은가?

매년 크리스마스 때는 선행하는 사람들의 아름다운 이야기를 듣게 된다. 구세군 냄비에 이름 없이 거액의 수표를 넣는 사람이 있다. 살면서 자기 재산을 헌납한다는 것은 말처럼 쉽지 않다. 소중한 돈을 선뜻 남에게 준다는 것은 대단한 용기가 필요하고 아무 대가없는 선행은 누구나 할 수 있는 일이 아니기 때문이다. 사랑하는 내 남편도 이맘때면 매년 편지를 받는다. 샌프란시스코 성모병원에서 보내온 감사의 편지다. 가난했던 어머니가 그 병원의 도움으로 남편을 출산할 수 있었다.

어머니를 도와준 성모병원의 고마운 선행을 남편은 평생 잊지 않고 살아간다. 자신도 사회에 환원하기 위해 노력하며 번 돈을 십년이 넘도록 매년 기증하고 있다. 시어머니처럼 가난한 사람들을 위해 돕고 싶은 것이 그의 뜻이다. 성모병원과 남편이 맺어진 아름다운 인연은 푸근하고 아늑한 어머니의 품속같이 나에게도 여과 없이 전달된다. 나눔과 사랑이 얼마나 행복하고 값진 것인지 남편이 기뻐하는 모습을 보고 느낀다.

인도 여행 때 들은 이야기가 생각난다. '변호사와 의사의 아들이 자살하는 사람은 많아도 거지의 아들이 자살했다'는 이야기는 들은 적이 없다는 현지인의 말이 기억난다. 물질주의적인 사람은 평균적으로 볼 때 가난한 사람보다 덜 행복하고, 우울하다는 뜻이다. 그렇다고 돈이 인간을 탐욕하게 만들고, 돈이 더

럽고 나쁜 것만은 아니다. 돈은 소유하는 것에 의미가 있는 것이 아니라 그것을 얼마나 유익하게 쓰느냐에 따라 참된 가치를 느끼게 된다. 잘살기 위해 움켜쥐고 부를 축적하지만 그것은 남에게 상처를 줄 수 있고 나에게도 치명적인 아픔으로 돌아올 수 있다. 마지못해 기분 언짢게 주는 것은 나눔의 의미를 상실하는 것이 된다.

행복한 노년을 맞이하려면 돈보다 마음을 저축하는 것이 우선인 것 같다. 자식을 낳아 소유하려고 하면 행복해질 수 없는 것과 같은 이치다. 한 그릇의 밥값을 먼저 내는 따뜻한 마음과 자발적인 나눔을 실천할 때 삶이 풍성해지고 축복도 내려질 것이다. 우리 모두 그 속에서 사랑을 느낄 수 있다면 얼마나 좋을까?

낙엽색으로 물든 것들

한 장의 아름다운 그림엽서 속을 거니는 기분이 들었다. 눈에 보이는 것은 다뉴브 강이고, 땅속에는 온천수가 뜨겁게 흐르는 동유럽 헝가리(Hungary). 자신들의 나라가 유럽의 배꼽이라고 주장하지만, 지형적인 위치 때문에 타민족의 지배를 끊임없이 받아온 파란만장한 역사를 겪은 민족이다. 남한의 면적보다 조금 작은 헝가리. 이름만 생각해도 서정적인 아름다운 그리움에 나의 가슴이 떨렸다.

내가 헝가리에 관심을 두기 시작한 것은 초등학교 5학년 때였다. 키 순서대로 앉은 나의 책상 번호와 교실 뒷면에 붙여놓은 세계지도에 같은 번호가 붙여진 나라가 헝가리였다. 선생님은 자기 번호와 같은 나라를 학생 스스로 공부하도록 숙제를 주시고, 시간 날 때마다 한 명씩 나와 발표하도록 했다. 어린 시절부터 내 머릿속에 잠재되었던 음악의 산실 헝가리를 동경하게 되었다. 여행하기 전부터 나는 어떤 생각을 하면서 길을 걸어야 할까? 궁금했던 도시다.

계절의 탓일까? 가을을 맞는 싸늘한 바람에 나뭇잎으로 엉켜진 강둑을 걸었다. 거리의 바이올린 악사가 연주하는 헝가리 무곡(Hungarian Dance)이 바람을 타고 들려오기 때문이었을까? 길게 누워 서서히 흐르는 짙은 우수의 다뉴브 강물을 보니 까닭없이 슬퍼졌다. 애수에 찬 서곡이 느리게 시작하여 빠른 리듬으로 애환과 우수가 깔린 특유의 흥겨운 선율로 이어지는 집시의 무곡. 경쾌하면서도 묘한 슬픔이 있는, 고향을 잃은 소외된 자들의 외로운 미소가 흥겨운 음악 속에 깃든 매력 있는 교향곡이다. 스승 로버트 슈만(Robert Schumann)의 부인 클라라(Clara)를 짝사랑한 작곡가 요하네스 브람스(Johannes Brahms)가 생각나서였을까? 운명적인 만남에 평생 독신으로 살며, 슈만이 죽은 뒤에도 그녀의 주변을 맴돌며 평생 해바라기같이 바라보며 살았던 고독한 작곡가. 그래서 그런지 브람스의 곡을 들을 때마다 음악에 흐르는 우수와 고독의 빛깔이 진하게 마음에 와 닿았다.

아름다운 음악이 탄생한 자리에는 반드시 무엇인가가 존재하는 것 같다. 삶의 열정에 근원이 되었던 연인을 가슴에 담고,

자기가 존재하는 이유가 오로지 그 여인이었기에 슬픔도 한 단계를 넘어 표출할 수밖에 없었던 천재 작곡가. 타고 남은 감정의 에너지가 처절하게 부서지는 것은 파괴가 아니라 심오한 영혼이 담긴 교향악이 만들어지는 과정이었기에 브람스는 혼이 담긴 훌륭한 교향악을 후세에 남길 수 있었나 보다. 지금 그 천재는 어느 별에서 어떤 교향곡을 작곡하고 있을까? 생전에 클라라를 위해 작곡한 '브람스의 눈물'이라는 부제가 붙은 현악 6중주보다는 '브람스의 기쁨'이라는 새로운 교향곡을 쓰며 웃음 짓고 있지 않을까 싶다.

서로를 이어주는 고리로 푸른빛보다는 잿빛으로 보이는 다뉴브 강에 세워진 아홉 개의 다리 중 가장 아름답다는 세체니 다리(Széchenyi Lánchíd). 뽀얀 안개가 마치 부다페스트 (Budapest)의 영혼까지 베일에 가린 듯 신비스럽고 고혹적이다. 다리 앞 난간에 혀가 없는 사자의 동상은 붉은 노을을 받으며 어머니의 젖줄 같은 다뉴브 강의 정취를 만끽하고 있었다. 해질녘이 되자 여기저기에 오렌지 빛깔의 등불이 켜지기 시작하고, 불빛이 밝혀지면서 도시는 또 다른 얼굴로 여행객의 마음을 설레게 했다.

계절의 시계에 맞춰 약속처럼 옷을 갈아입은 옛 도시의 뒷골목을 걸었다. 밤을 하얗게 지새우면서라도 눈에 모두 담아보고 싶은 황홀한 빛의 도시. 카페와 술집이 불야성을 이룬 골목길에서 예상치도 않게 무척이나 반가운 사람을 만났다. 엉클어진 긴 머리에 키가 큰 피아노의 거장 프란츠 리스트(Franz Liszt)이었다. 그는 밤 카페가 즐비하게 늘어진 골목길에 앉아 목마름을 적시는 행인들과 여행객을 위하여 그의 가장 아름다운 소곡 '사랑의 꿈 - 녹턴 3번(Liebestraum No. 3)'을 지휘하고 있었다. 리스트의 연주는 악마적인 기교가 있고, 또한 잘생긴 그의 외모 때문에 많은 여성에게 최고의 인기를 누렸다고 한다. 그의 명성은 대단했고 베토벤도 리스트 연주에 감탄하여 손에 입을 맞추었다고 하는 헝가리 국민작곡가다. 그의 이름을 딴 세계적으로 유명한 프란츠 리스트 음악학교가 부다페스트에 있으며 음악가들이 꿈에서도 가고 싶어 하는 곳이다. 우리 애국가를 작곡한 안익태 씨도 그 학교를 다녔다고 한다.

나는 부다페스트에 숨은 보석들을 찾아 낡은 건물과 뒷골목을 누비고 다녔다. 헝가리는 한국과 닮은 점이 많다. 서울 중심에 한강이 흐르듯 헝가리에는 다뉴브 강이 수도인 부다페스트 한복판을 흐르고 있다. 두 나라가 함께 1천년이 넘는 역사를 자랑하지만, 외부의 잦은 침략을 받고 투쟁과 항거로 많은 슬픔을 겪은 나라다. 체구는 유럽권 사람과 비슷하지만 정서와 문화는 한국과 비슷한 점이 많다. 사람 사는 정취가 물씬 나는 부다페스트를 쉽게 잊을 수 없는 이유이기도 하다.

내가 만난 젊은 청년은 '제2차 세계대전의 주범인 독일은 싫지만, 그래도 독일의 정확성과 근면한 국민성을 배워야 한다'고 했다. 그 말을 듣고 나는 허슬러(J. Hustler)의 명언인 "인생은 언제나 부딪혀 경험하고 도전하는 사람에게 더 큰 영광을 안겨준다."는 말이 생각났다. 다뉴브 강을 보고 도전하는 헝가리 청년의 미래가 밝아 보였다. 또 다시 가보고 싶은 부다페스트. 다뉴브 강의 기적을 바라며 다음 페이지에는 어떤 그림으로 헝가리가 그려질지 설렌 궁금증이 밀려왔다. 다뉴브 강의 많은 발전과 도약을 기대하며 헝가리 여행의 책장을 덮었다.

낡은 숨결

모든 것이 신비로운가 보다. 오랜만에 딸집을 방문한 92세 엄마의 눈은 놀라움으로 가득 찼다. 예전과 달라진 게 없는 집과 물건들인데 처음 보는 양 신기하게 느껴지나 보다. 이 방 저 방을 돌아보는 얼굴엔 기쁨의 열기가 동트는 새벽하늘처럼 붉게 타올랐다. 마음이 약해져서일까? 전과 다른 엄마의 행동이 나를 당황케 한다.

오랜만에 오신 엄마를 위해 친구들이 음식대접을 했다. 이집 저집 다닐 적마다 엄마는 감탄사를 연발한다. 친구마다 칭찬의 색깔이 모두 달랐다. 인간미가 풍성한 좋은 친구, 아름다운 환경 속에 파묻혀 겸손하게 생활하는 친구, 또는 가족이 함께 오붓하게 웃음을 나누며 참 행복을 누리는 가정…. 엄마는 어느 것 하나 버릴 것이 없는 축복의 분위기요, 아름다운 한 폭의 그림이라 표현하신다. 이런 친구들과 함께 생활하고 있어서 그런지 나 자신도 많이 달라져 보인다고 한다.

4년 전에 방문했을 때와 무엇이 그리도 달라졌을까? 엄마의 눈을 통하여 나를 되돌아본다. 며칠 동안 생각해 보았지만, 그것은 나와 물체가 아니고 변한 것은 엄마의 마음이었다. 평범하게 보이는 들꽃과 발에 밟히는 낙엽도 사랑할 줄 아는 마음이 점점 쇠약해가는 자신의 모습으로 변하여 연민(憐憫)과 애착(愛着)으로 느껴지는 것이 아닐까? 인생의 오름길에서 보지 못하던 아름다움이 내리막길 앞에 아픔으로 깊게 밀려오는 것이 아닐는지?

지금은 자유로운 영혼이 되었지만, 유방암을 앓았던 친구가 있었다. 완치됐다고 믿었던 암이 7년 만에 장으로 퍼져 치료를 받고 있었다. 그 친구와 같이 일주일에 세 번씩 아침 산책을 했다.

친구는 길을 걷다가도 발걸음을 멈춰, 먼지를 뒤집어쓴 잡풀을 소중히 들여다보곤 했었다. 마치 희귀한 약초를 발견한 듯 신기하게 바라보던 친구의 눈을 지금도 잊을 수가 없다.

사물을 보는 마음의 눈은 연령층에 따라 또한 당사자의 현실에 따라 달라지나 보다. 요즈음 엄마는 뒤돌아보는 시간이 많아졌다. 모자이크 같은 삶을 완성하며 살아온 세월이 너무나 빠르게 흘렀다. 산 세월이 남아있는 세월보다 많기에 지난 세월은 그리움보다는 후회뿐이다. 인생 고개 넘을 때마다 옳다고 행동한 일이 지금은 아쉬움으로 남는 모양이다. 뒤돌아보면 아쉽고, 앞을 바라보면 안타까움으로 가득한 엄마의 눈. 보이는 것은 모두 아름답고 소중해서 하나하나 마음속에 기억하고 싶어 한다. 엄마는 많은 사람들을 당신 자신보다 더 사랑하지 않았던 것이 후회되나 보다. 남아있는 시간이 짧은 엄마의 눈은 슬픔으로 가득하다. 옆에서 지켜보는 나는 안타까울 뿐이다.

올해의 마지막 달력도 며칠 남지 않았다. 엄마는 하루하루가 돌아올 수 없는 여행길로 다가서는 기분이 드나 보다. 지금은 오감(五感: 시(視)·청(聽)·후(嗅)·미(味)·촉(觸)의 다섯 감각) 기능이 떨어지고, 머리카락은 다 빠져 한 줌도 안 돼 보인다. 한평생을 살면서 후회가 없는 사람이 있을까? 인간은 결점투성이며 삶은 후회로 빚어진 결과가 아닐까? 무엇이 인생의 가치를 가늠하는 것인가? 저마다 추구하려는 목표는 무엇인가? 모두 행복을 위해 자신의 목표를 세워 노력하며 살고 있지만, 대부분 만족을 찾지 못한 채 일생을 마감하게 된다.

"엄마, 후회만 하지 말고 좋은 일만 기억해. 앞으로 좋은 날을 만들면 되지! 지금도 늦지 않았어. 행복한 기억을 남길 수 있는 일을 만들면 되지. '결점(缺點)이 없는 사람을 신뢰(信賴)하지 말라'고 했어. 사람은 늙어가는 것이 아니라, 세월이 가면서 익어가는 것이라 했잖아. 뭔가를 시작하기엔 너무 늙었다고 생각하는 것이 큰 잘못이야. 남은 인생은 덤으로 생각하고 아무것도 시작하지 않는 것을 또다시 후회하지 않게 즐겨야 해."

괴테는 '노인들은 상실의 삶을 산다'고 했지만, 마지막 힘을 다한 낡은 숨결은 꺼져가는 영혼도 태울 수 있다고 생각한다. 강인한 의지, 풍부한 상상력과 불타는 열정을 엄마의 낡은 숨결에 불어넣어 본다. 삶의 흔적이 고스란히 얼굴에 배어나오는 엄마의 여정. 우아하게 늙어가는 모습으로 내 기억 속에 영원히 남기고 싶다. 엄마의 얼굴은 내 미래의 모습이기에….

따스한 당신의 향기(香氣)

아침 햇살이 맑은 금요일 아침이다. 남편이 점심 데이트 신청을 한다. 새롭고 볼만한 영화가 상영된다고 한다. 퇴직 후에 임시로 직장 일을 집에서 하는 남편은 출장 가는 일이 자주 있어 함께 보내는 시간이 많이 없다. 한 지붕 아래 살지만 각기 자기 생활을 하며 우리는 상대방에 방해가 되지 않게 노력하며 산다.

아침에 일어난 남편은 커피를 만들러 아래층 서재로 가고. 나는 이층 서재로 가면 각자의 하루가 시작된다. 컴퓨터와 전화로 일하는 남편은 집에서, 나는 독서를 즐기며 글을 쓴다. 글쓰기는 아무나 할 수 있는 일이면서도 아무나 하지 못하는 참 재미있는 일 중의 하나인 것 같다. 글을 쓰는 시간 이외에 나는 밖에서 생활을 많이 한다. 월요일에는 합창연습, 화요일에는 시니어 학교, 목요일에는 성경공부 그리고 일요일에는 교회 성가대 등으로 바쁜 일과를 보낸다. 때때로 친구도 만나 밀린 이야기도 나누며 하루의 시간을 쪼개며 산다. 남편은 돈을 벌고, 나는 돈을 쓰고 다닌다는 불평 아닌 불평도 가끔 듣는다.

남편과 나는 너무 다르다. 같은 유형(有形)보다는 다른 것이 더 많다. 사실 부부는 똑같으면 못 산다고 하지만, 하나하나 따지고 보면 남편과 공통점이 하나도 없다. 남편은 직업에서 오는 것인지, 직선적이고 논리적이며 모든 일에 치밀하고 그냥 넘어가는 것이 없다. 나는 숫자하고는 거리가 멀고 슬픈 영화를 보면 눈물을 뚝뚝 흘리는 감성의 소유자다. 우리 부부는 하나도 닮은 곳이 없지만, 생활하는 데는 편리해서 좋다. 돌다리도 두드리는 남편의 꼼꼼한 행동이 너무 느린 것 같아 답답하고 짜증도 나지만, 나의 성격도 만만하지 않으리라고 생각한다. 그냥 서로 양보하며 우리는 잘 조화해서 살고 있다. 남편은 왼쪽 뇌가 발달한 사람이고, 나는 오른쪽 뇌가 발달한 사람이라, 우리 부부는 천생연분(天生緣分)이라 남편은 생각한다.

결혼의 첫 조건은 제일 먼저 온몸이 떨리는 전율적인 사랑이라고 한다. 그러나 시간과 함께 그것도 변한다. 달콤한 사랑의 열매를 따 먹을 수 있는 시간은 3년이라는 과학자의 논문을 본

적이 있다. 결국, 어떤 사랑이든 처음의 감정이 3년을 넘지 못한다는 이야기다. 반드시 변하는 것이 사랑의 속성이라면 세상에는 영원한 사랑도 없고 영원한 열정도 존재하지 않는다. 처음에 서로의 다른 점이 장점으로 보여 사랑을 시작하지만, 시간이 흐르고 해가 거듭될수록 장점이 단점으로 보이게 된다. 키재기 다툼을 하던 세월을 보내고 나니, 남편과 나의 키는 비슷하게 됐다. 나의 키는 인내라는 작은 선택들이 모여 크게 자랐고, 남편의 키는 이해라는 반복의 훈련으로 점점 작아졌다. 그는 나의 자존심을 지켜줄 줄 아는 사람이 되었고 때에 맞는 적절한 말 한마디로 내 마음을 녹일 줄 아는 말벗이 되었다. 사랑하는 사람이 원하는 것을 들어주기에 앞서 그 사람이 싫어하는 일을 하지 않음이 우리가 배운 삶의 선택이다.

조개가 진주를 만드는데 5년에서 10년의 긴 세월이 걸린다고 한다. 진주 한 알을 만들기 위해 10여 년의 긴 고통과 아픔을 참아야 한다. 인간이 누릴 수 있는 그 극단의 아름다움은 '인내와 이해'라고 생각한다. 세상에 노력과 아픔 없이 얻어지는 것은 아무것도 없다. 세상에서 가장 값진 것은 사랑을 나눌 줄 알고 베풀 줄 아는 넉넉한 마음이다. 같은 길을 걸어가며, 같은 곳을 바라보고 서로 감싸주며 함께 공감할 때 삶은 빛나고 또 다시 우리 가슴은 뜨거워진다. 우리의 삶이 매일 매일 단조로움과 설렘이 없다는 것은 마음에 사랑의 대상이 없기 때문이다.

삶이 허전한 것은 무엇인가 채워지지 않았기 때문이 아니라 비우지 않는 욕심 때문이라 생각한다. '멀리 가려면 함께 가라'는 말이 있다. 당신과 함께하는 아름다운 아침. 서로 사랑하며 살아갈 날이 얼마 남지 않은 시간 속에 숨 쉬는 지혜를 모아 아름다운 오케스트라를 연주해 본다.

구수한 커피 냄새가 아래층에서 올라온다. 조금 있으면 남편은 뜨거운 잔을 들고 내 서재로 들어올 것이다. 맛있는 정감이 어린 구수한 커피와 함께 묻어오는 따스한 향기. 다정한 연인을 닮은 웃음으로 그를 맞이한다. 작고 단순하지만, 서로에게 필요한 휴식이 우리 사이에 머무는 순간이다. 사랑, 공감, 평화, 행복, 배려와 그리고 존중의 씨앗이 정원에 뿌려진다. 인생에도 색깔이 있다. 텃밭에도 두 가지 밭이 있다. 하나는 흙밭이고 하나는 마음의 밭이다. 우리는 나눔이란 마음의 텃밭에서 같이 늙어가는 즐거움으로 노란 유채밭에서 자란 기름을 오늘도 짜고 있다.

잠시 눈을 감으면

식을까봐 가슴에 품고 가져다준 오곡밥을 입에 넣었다. 입안에 가득 감칠맛이 돈다. 절뚝거리며 돌아간 친구의 언니를 생각한다. 모처럼 방문하신 이모 가족을 대접한다고 새벽에 일어나 손수 밥통에 지은 오곡밥을 가져온 것이다. 다리가 아프다고 하는 말은 들었지만, 그처럼 심한 줄은 몰랐다. 가져다준 마음은 고맙지만, 힘겹게 돌아가는 뒷모습이 눈에 밟혀 마음이 편치 않다.

친구를 통해서 만난 언니와의 우정은 10년쯤 됐다. 심성이 착하고 마음이 여린 여인이다. 때로는 자기의 주관보다는 남을 배려하는 마음으로 늘 손해를 보며 산다. 그런 언니가 요즈음 많은 시련을 겪고 있다. 남편인 아저씨가 합병증으로 편찮다. 노환이라 병원에서도 별다른 대책이 없다고 한다. 두 분 다 재혼으로 만나 25년을 사셨다. 아저씨가 점점 체력이 약해지면서 침대에서 혼자 일어나지 못하게 됐다. 언니의 목은 아저씨의 지팡이가 되었다. 새로 주문한 특수 손잡이 침대가 있지만, 아저씨가 원하지 않기 때문에 그것을 사용하지 않고 언니를 의지한다. 나이팅게일 정신으로 언니는 아저씨를 사랑으로 돌보고 마음을 다하여 간호하고 산다.

내 주위에는 언니와 같은 상황에 처한 미국 친구 티나(Tina)가 있다. 남편에게 헌신한 두 사람의 병간호는 너무 다르다. 처음에는 한국여성과 미국여성의 관점이 다르기 때문이 아닌가 생각했지만, 그것은 성품과 생각의 차이라는 것을 알았다. 티나는 남편을 간호하면서도 틈틈이 자기 시간을 가지며 살아간다. 복지회관에서 보낸 무료 봉사자(Social Worker)가 집에 오는 날이면 헬스클럽에도 가고, 음악회, 미술관도 다니며 간호에 지친 자기 자신의 정신치료를 스스로 한다. 근래에 남편의 병이 더 악화되어 노인시설로 모셨다. 미국에는 노인들이 갈 수 있는 두 가지 종류의 복지 사업체가 있다. 하나는 양로원(Nursing Home)이고, 또 하나는 노인시설(Assisted Living Facilities)이다. 양로원은 주로 정부 차원이고 노인시설은 대부분 사립으로 운영된다. 주위 환경과 시설에 따라 개인의 부담도 차이가 크게 난다.

노후를 준비하는 한국인과 미국인의 생각은 많이 다르다. 한국 사람들은 노인시설의 입주를 마지막 삶을 정리하는 인생의 종착역, 특수 임종 병원 또는 미국식 고려장이라는 거부감을 가지고 있지만, 미국인들 대부분은 양로원이나 노인시설에 가는 것을 긍정적으로 생각한다. 노인병원이 따로 없고, 일반병원은 단기 치료만 하고 장기 치료를 하는 환자는 노인시설이나 양로원을 이용한다. 주 정부 관리에 의해 운영되는 의료진도 있고, 종합병원과 시설을 공유하기 때문에 응급 시에는 노인들을 효율적으로 신속하게 치료할 수 있는 곳이다. 때로는 집에서(Home Care) 돌보는 가정도 있지만, 대부분의 미국인은 노후가 되면 정신적으로 또는 육체적으로 준비되어 있기에 스스로 노인시설을 찾는다.

얼마 전 남편과 우리 부부 중 한 사람이 간병인이 필요할 정도로 아프면 절대로 힘들게 집에서 돌보지 말고 노인시설로 보내기로 약속했다. 너무 슬픈 이야기 같지만 현실적인 선택이다. 배우자를 잃는 것만으로 정신적으로 지탱하기 힘든 일이지만, 남은 배우자에게 육체적인 고통까지 주지 않겠다는 것이 우리 부부의 생각이다. 그동안 함께 지낸 아름다운 삶을 힘들고 추하고 지저분한 기억으로 남기고 싶지 않은 것이 우리 부부의 마지막 자존심이며 희망이기 때문이다.

생로병사(生老病死)의 고(苦)는 누구에게나 다가온다. 나이가 들면 노인이 되지만 젊음은 늙음을 생각하지 않는다. 긴 병에 효자 없다는 말처럼 남아있는 배우자나 자식들을 생각하면 그리 어려운 결정도 아니다. 병간호하는 사람이 가장 많이 고통을 호소하는 것이 근육병, 허리, 손목, 목 부상이다. 이런 고통을 사랑하는 가족에게 주고 가야 옳은가? 배우자나 가족이 나로 인해 고통 받지 않는 삶을 살게 하는 인간적인 배려를 지키는 것이 나의 의지다.

사랑하는 가족을 두고 떠나가는 사람들은 무엇을 생각해야 할까? 인생을 동행해준 동반자에게 감사하며 눈을 감는 것이 떠나는 사람만이 가질 수 있는 고귀한 사랑의 미덕이다.

나뭇잎이 바람에 떨어질까 몸서리를 치고 있다. 한 번은 망자가 되어 떠나야 하는 길. 잠시 생각을 쉬게 하고 눈을 감아 본다. 깊은 가을밤 옷자락을 적시듯 비가 내린다. 가을을 떠나보내는 눈물이다. 떨어지는 빗방울에 목이 멘다. 살아가면서 많은 것이 묻히고 떠나버린다 해도 내 소중한 인연이었던 사람들에게 아픔보다는 그리움을 남기고 싶은 밤이다.

마음을 두드리는…

해마다 정초에는 기대에 부풀어 새해를 맞는다. 이번 새해에는 우울한 소식이 신문을 장식한다. 한국입양아로 추정되는 20대 청년이 연쇄총격으로 내과병원 보조원으로 일하는 양어머니와 3명을 살해했다. 또한 1명을 중태에 빠뜨린 뒤 경찰과 추격전 끝에 체포되었다는 내용이다. 용의자는 한국에서 입양된 청년이다. 부모의 성이 아닌 'Lee'를 사용한 그는 2012년에 한국에 있는 친부모를 만났다고 한다. 밝은 새해를 기대하는 우리에게 언짢고 우울한 뉴스다.

지난해 10월에는 미숙아로 태어난 세 살배기 한인어린애가 미국가정에 입양된 후 석달 만에 숨을 거뒀다. 의료진과 검찰에 따르면 '아동학대에 의한 사망'이라고 주장하며 살인혐의로 체포된 양아버지는 법정 진술에서 "이것은 비극이지 범죄가 아니다."라고 범행을 극구 부인했다. 그는 국가안보국(NSA) 한국담당을 맡고 있는 공직자로 어려운 입양절차를 밟아 입양했다고 밝혀져 미국전역이 떠들썩했다. 한 달 전에는 30년 전 한국계 입양아가 미국서 추방될 위기에 놓였다는 뉴스가 떴다. 애덤크렙서(한국명 신송혁)을 위하여 이민자 권익옹호단체들과 미국언론들이 추방을 막아달라는 서명운동을 벌이고 있다. 미국국적 취득을 양부모가 시켜주지 않아 생긴 일이다. 지금은 결혼하여 아이 셋을 둔 가장이지만 지난날 방황하던 시절에 절도를 저지른 전과가 있어 여지없이 추방대상이 됐다. 졸지에 불법자가 된 그는 법원에서 최종심사를 기다리며 "미국은 더 나은 삶을 입양아에게 약속했다. 그 약속을 내 아이들을 위해서라도 지켜줬으면 한다."고 말하고 있다. 정말로 기구한 운명이다.

왜 이런 일들이 벌어지는지? 이런 사건을 볼 때마다 나는 남편과 시아버지를 떠올린다. 남편은 친아버지의 얼굴을 모른다. 어머니 배 속에서 태동될 때 아버지는 이미 돌아가셨다. 갈 곳 없던 어머니는 빈민을 도와주던 천주교병원에서 남편을 낳았다. 남편이 네 살이 되던 해 어머니는 구리광촌에서 일하던 시아버지를 만나 결혼했다. 시아버지는 어머니가 데리고 온 아기를 입양하여 자기 자식처럼 돌보고 키웠다고 한다. 두 분 사이에 세

딸이 태어났지만 외아들로 키워준 남편은 어머니와 아버지의 사랑을 듬뿍 받고 살았다. 언제나 가족을 위해 열심히 일하던 아버지. 많은 공부를 못한 아버지였지만 자식들에게 '일하는 것을 두려워하지 말라'는 교훈을 주셨다. 일자리가 없는 겨울이면 다른 고장까지 일을 찾아다닌 아버지를 본받아 온 가족은 일하는 습관을 가지게 되었다. 사랑이 담긴 고생은 행복한 고생이라 생각한 아버지를 남편은 존경하며 살았다. 우리가 결혼했을 때는 어머니가 돌아가신 후였다. 혼자 사시는 아버지를 주말마다 남편은 뵈러갔다. 한 달에 한 번씩은 영화구경도 모시고 다녔다. 그때 행복해하던 아버지와 아들의 얼굴을 나는 지금도 잊을 수가 없다. 함께 살면서 우는 일을 한 번도 본 적이 없던 나는 남편이 시아버지 장례식 때 우는 모습을 처음 보았다. 고생하며 어렵게 살던 모자(母子)를 따뜻하게 받아준 아버지에 대한 고마움을 눈물로 쏟은 것이다. 낳은 정보다 기른 정이 더 깊다는 말을 실감했다.

사람들이 생에서 추구하는 목표는 무엇일까. 양어머니를 살해한 청년의 고민은 무엇이며 세 살배기를 입양한 후 석 달 만에 아동학대로 사망하게 한 양부모의 마음은 무엇일까. 또한 30년 전에 한국에서 입양되었어도 미국시민권이 없어 불법체류자로 추방을 당해야 하는 아이 셋을 둔 가장의 기구한 삶은 또 무엇일까. 과연 행복이란 무엇일까. 행복은 어디서 오는 것일까? 행복은 소유에서보다는 정신적 가치에서 온다고 생각된다. 잘 길러보겠다는 마음으로 입양한 부모와 새로운 환경에서 잘 살려고 입양된 아이들. 행복을 갖기 위해서 많은 사람은 평생 노력하며 산다. 목표를 성취했을 때 풍족함으로 만족은 얻지만 그 마음에 사랑이 존재하지 않으면 인생의 가치관이 흔들리고 실망과 좌절로 추락되기도 한다.

한 시아버지가 아들과 돌아가신 어머니에게 주었던 행복의 가치는 피부로 느껴지는 사랑이다. 나도 그분의 뜻에 동감한다.

나로 인하여 많은 사람들이 행복해지는 삶을 살자고 마음을 다져본다. 아름다움과 추함은 한 공간에 존재한다. 행복과 불행도 한 장소에 공존한다. 남편의 시아버지에 대한 존경심은 대단하다. 눈에 보이는 것보다 보이지 않는 소중한 사랑으로 피어난 두 사람의 관계는 아름다운 향기로 지금도 피어오른다.

새해에는 많은 사람이 다 행복해졌으면 좋겠다. 서로 사랑하고 더 따뜻함을 느끼며 살았으면 하는 바람이다. 행복은 헤르만 헤세의 말처럼, 산에도 있고 골짜기에도 있고, 꽃 속에도 있고, 수정 속에도 있다. 행복이 우리 가까이에 있다는 이야기다. 어수선한 뉴스로 시작된 새해지만 올해는 모든 사람들이 그 행복을 찾길 소망한다.

길은 어느 곳에나

실업률이 25년 이래 최악이다.

경제침체와 금융위기가 계속되는 지난 2월 17일 오바마 대통령은 7,870억 달러의 ARRA(American Recovery and Reinvestment Act), 미국 회복과 재투자 자금조달이라는 새로운 법안에 서명하였다.

이 법의 목적은 350만 실업자에게 일자리를 창출하는 것이다. 금융위기를 벗어날 수 있게 하는 해결책이다. 비상금을 증액하며 미국 중소기업들과 공공사회 복지가 겪고 있는 심각한 경제위기를 보충하는 하나의 재정 긴급사태에 대한 신설 프로그램이다.

이 법이 창설되고 나서 연방정부의 각 기관은 많은 긴급통화자금을 유출 받았다. 심각한 불경기를 대비한 긴급자금을 신속하게 효율적으로 유통하기 위해 정부는 퇴직한 계약관들을 복

귀시켜 법안을 단행했다. 이 정책이 실행됨으로써 나도 그중에 한 계약관의 일원으로 국방부에 돌아온 것이다.

퇴직한 후 국내, 국외 가고 싶은 곳을 여행하며 여유가 있는 황금의 생활에 차츰 적응하는 찰나 복직한다는 사실에 약간의 망설임도 있었다. 그러나 이 심각한 경제위기에 조금이라도 도움이 될 수 있는 한 사람의 역할에 참여할 수 있다는 자부심이 생겼다. 몇몇 낯익은 얼굴만 있을 뿐, 많은 옛 동료들이 퇴직했다. 그동안 바뀐 계약 규정과 약간의 서먹하던 분위기는 시간이 지나면서 잘 적응할 수 있었다.

매번 입찰공고를 내고 느끼는 것은 이민 온 한국인들은 정부 입찰에 많이 참여하지 않는다. 소수민족의 우선권과 소규모 자영업자 등에게 큰 혜택을 주고 있는 미국정부 법률이 있지만, 정부계약 서류 조건이 까다로운 것과 정부법률에 익숙지 않은 것이 이유인 것 같다. 첫발을 내딛기가 힘들지 한두 번 정부계약 입찰을 하다 보면 정부가 원하는 서류작성과 준비해야 할 장비와 인력구비 등등의 계약조건을 알 수 있다. 만약 입찰에 성공한다면 계약기한은 각기 다르겠지만 일 년 내지 삼 년까지도 보장할 수 있다. 보장된 사업은 어느 사업주든지 가장 원하는 바람직한 사업이 아닐까 생각한다.

몇 가지 예를 들어보기로 하자. 일반 세탁소 경영주는 대부분 손님이 가져다주는 물품에 의하여 수지에 계산을 본다. 앉아서 찾아오는 손님을 기다리기보다는 국립병원, 주립병원 그리고 경찰서 등을 찾아가 매일 쓰고 입는 의사, 간호사 가운, 또는 침대 시트, 혹은 국영기관에서 입는 작업복 등을 계약할 수 있다. 이 일만 성공한다면 일 년 열두 달 아무 걱정 없이 탄탄대로(大路)를 달리듯 사업은 번창할 줄 안다.

또한 정원과 잔디를 손질하는 업종을 가진 사람 중 인력과 장비만 있다면 쓰러져 있는 비석을 바르게 세우고, 잔디를 손질하는 국립묘지를 권장하고 싶다. 물론, 현재 이 일들을 하고 있는 회사가 있겠지만, 노력하면 길은 어느 곳에도 있다. 정부 사업에 대한 자세한 정보를 요구하여(Freedom of Information Act) 연구하고 계획하고 착수할 수 있다. 성공하려면 우리는 미국사회 시스템을 잘 알아야 하고 현재 경제가 어떻게 진행되고 있는지 배워야 한다. 경제 침체 위기에서 벗어나기 위해 국가가 어마어마한 돈을 풀고 중소기업을 위해 많은 법령을 신설한다는 것을 알아야 한다. 이 혜택을 그냥 지나치지 말고 국가에서 요구하는 실무와 나의 사업을 연결하여 연구해보고 입찰에 뛰어드는 결단이 필요한 것이다. 우리는 지식과 정보가 넘치는 시대에 살고 있다. 세상의 흐름을 통찰하고 읽고 깨우쳐야 한다. 읽으면 성장하고 머리를 쓰면 이루어진다.

누구에게나 뜻이 있으면 길이 있다. 무인도에는 길이 없다. 삶의 현장에 길이 생기는 법이다. 찾아보고 연구해보면 국가에서 요구하는 각종 사업은 너무 많다. 국영 계약과에 관심을 두고 한 번 입찰에 응모해보는 것도 권장할 일이다. 각종의 물품 보급, 서비스업종, 건설업 등등. 일일이 나열할 수 없을 정도로 많은 직종과 사업이 농림부, 상무부, 법무부, 과학부, 국방부, 교육부, 행정안전부 및 여러 부처, 관련 기관 등에서 소수민의 기업 참여를 기다리고 있다.

한국 상품이 어딜 가나 눈에 뜨이고, 한국 자동차가 줄줄이 미국 고속도로를 달린다. 한국 전기제품들이 세계 각국에서 인기를 얻고 있다. 백여 년 전 우리 조상들이 하와이 사탕수수밭에서 고전하며 잃어버리지 않았던 한국의 긍지. 넓은 세상 무서운 줄 모르고 이국 하늘을 자기의 하늘로 만들겠다고 이민 온 한국인의 지구력(持久力). 시대는 그때마다 새로운 상황을 만들어 낸다. 생각하는 만큼 행동하게 된다. 조상으로부터 물려받은 살아 숨 쉬는 지혜를 모아 연구하고 도전해보자. 이 최악의 경기 불황 속에서도 성장할 수 있고 우리 자손들에게 아름다운 미래를 만들어 줄 수 있다고 생각된다.

2.

짧지만 긴 여운

그 남자

유리창을 두드리는 소리에 새벽잠에서 깼다. 조심스레 창문을 열어 보니 반가운 비가 내리고 있다. 며칠 동안 찌는 듯한 더위가 한풀 꺾이더니 시원한 바람과 함께 새벽 비가 내린다. 더위에 시든 잔디가 연둣빛 기지개를 펴며 생기를 되찾고 있다. 인공적으로 공급되는 물보다 하늘에서 내리는 자연 비가 더 좋은가 보다. 파릇하게 돋는 생기발랄한 모습을 보니 비를 꽤 기다렸던 모양이다. 사람이나 식물이나 꿈이 현실로 이루어지면 에너지가 넘쳐난다.

눈을 감고 빗소리를 리듬 삼아 먼 옛날로 돌아가 본다. 나는 어렸을 때부터 비를 좋아했다. 언젠가 어머니가 하시던 말씀이 생각났다. 내가 세 살쯤 되던 어느 날, 창가에 앉아 비가 내리는 것을 보면서 슬피 울었다고 한다. 왜 우느냐는 물음에 비 맞고 전깃줄에 앉아있는 참새가 추워 보여 운다고 했단다. 그 갸륵한 마음은 나와 함께 자라 고교 시절 비에 대한 낭만을 만들었다. 지금도 비가 오는 날이면 문득 생각나는 사람이 있다. 끊어진 흑백필름처럼 희미한 기억이지만, 그 사람은 지금도 나에게 씁쓸한 미소를 남기게 한다.

고등학교 2학년 때였다. 학생 성가대 상급생이었던 한 남학생을 난 무조건 좋아했다. 그는 노래를 잘했고, 사랑의 묘약 중 '남몰래 흐르는 눈물'을 즐겨 불렀다. 아름다운 테너 목소리를 가진 그가 좋아서 파란 경기 교복을 입은 학생만 보아도 가슴은 뛰었다. 비가 몹시 내리던 토요일 오후 성가 연습을 끝내고 버스를 탔다. 공교롭게도 그 남학생이 같이 타고 있었다. 눈으로 인사를 하고 보니 비를 맞아 모자를 깊게 눌러 쓴 그가 참 춥겠다는 생각이 들었다. 버스를 내릴 차례가 된 나는 그에게 용기를 내어 우산을 주고 내렸다. 나는 비를 맞고 집으로 돌아가도 되지만 그는 비를 맞으면 안 될 것 같다는 생각에 우산을 손에 쥐어준 것이다. 버스가 떠나는 순간 내 앞에 우산이 떨어졌다. 그가 내 우산을 창문 밖으로 던져준 것이다. 그의 우산이 되어 함께 걷고 싶었던 내 마음이 구겨질 대로 구겨졌다. 눈물겨웠던 풋사랑이다. 그해 겨울 나는 용돈을 모아 가죽 장갑을 샀다. 그의 시린 손을 따뜻하게 해주고 싶었지만 봄이 될 때까지 주인을 찾지 못한 가죽장갑은 책가방에서 잠을 자야 했다. 그날 이후 그는 내 눈에 띄지 않았다. 가끔 라디오나 레코드에서 그가 부르던 곡이 흘러나오면 난 곧잘 눈물을 흘리며 그를 생각했다. 졸업 후 서울공대에 찾아갔지만 휴학계를 낸 그를 찾을 수가 없었다.

오랜 세월 지난 후 뜻밖에 한 통의 편지가 하와이로 날아왔다. 쿠웨이트에서 보낸 그의 편지였다. 옛날 옛적 비 오던 어느 날, 가슴을 설레게 해준 한 소녀와 우산 이야기가 쓰여 있었다. 어린 동생을 보살펴야 했던, 아무것도 가진 것 없는 가난한 고학생의 이야기였다. 글 마디마다 지난날의 괴로움과 슬픔이 있었고 그리움과 안타까움이 있었다. 촉루(燭淚)처럼 녹아내리는 그의 아픈 자국을 읽으며 가슴이 찢어지는 아픔이 밀려왔다. 20년이 지나 때늦게 도착한 고백의 글 속에서 뿜어 나오는 향기가 오랫동안 나의 마음을 슬프게 만들었다. 그것이 처음이며 마지막 받은 그의 편지였다.

그러고도 세월이 많이 지난 후 국방부 일원으로 한국에 나가게 되었다. 공사 입찰계약을 하는 것이 내 업무였다. 서류를 정리하던 중, 세계에서도 잘 알려진 유명한 한국 건설회사 부사장으로 그의 이름과 사진을 발견했다. 가슴이 뛰었다. 그날 온종일 망설이다 떨리는 손으로 전화를 걸었다. 세월이 지났는데도 마음속에 새겨진 그의 목소리는 금방 알아들을 수 있게 정다웠다.

신라호텔 로비에서 만난 그는 소꿉친구처럼 반갑고 즐거웠다. 잃어버린 시간을 단 몇 분 만에 뛰어넘을 수 있다는 것이 신기하기만 했다. 우리는 함께 공감할 수 있는 시간대 동심으로 돌아갔다. 얼마 동안 우리의 만남은 계속되었다. 오늘이라는 현실에 충실하며 빛바랜 추억은 덮기로 하였다. 첫사랑은 어디까지나 지난 사랑인 걸 알게 된 것이다. 그와 마지막 만나던 날, 그는 나에게 봉투 하나를 내밀었다. 내 여고 2학년 때 찍은 사진이었다. 이젠 주인 찾아갈 때가 된 것 같다며 책상 속에서 그와 함께 지낸 내 사진을 건네주었다. 사진을 받아든 순간 눈물이 핑 돌았다. 어차피 인생은 만남과 헤어짐의 연속이다. 첫사랑은 환상으로, 가슴속에서 아플 때가 가장 아름다웠다.

비 오는 날이면 문득 헤어진 사람이 어떻게 지낼까 생각해 본다. 아직도 그는 '사랑의 묘약' 아리아를 즐겨 부르고 있는지? 나는 그의 우산이 되고 싶었고, 그는 내가 정박한 선박의 앵커(Anchor)가 되고 싶다고 했었다. 소박했던 그 남자. 누구에게나 그리움이 있고 안타까움이 있다. 처음이었기에 가장 애틋했고 아무것도 모르고 사랑했던 남자. 많은 사람들이 첫사랑을 평생 못 잊는다고 한다. 나는 첫사랑을 잊지 못해서가 아니라, 그 사람을 사랑했던 시간과 그 어리고 순수한 마음이 소중했던 만큼 그를 잊지 못하는지도 모른다. 옛날의 서투른 감정의 아픔과 심장의 통증도 지금은 모두가 그리움으로 되돌아오기 때문이다. 시간이란 참 무서운 것이다. 시간이 지날수록 지난날은 미화되고 환상은 꽃구름을 타고 오기 때문이다.

산안개 자욱한 아침. 비를 맞은 잔디가 파릇파릇 생기를 찾는다. 비는 생명의 뿌리를 내려주는 힘을 준다. 이른 아침 비에 씻겨 내려간 잔디 위에 숨결 같은 바람소리와 함께 '사랑의 아리아'가 들리는 것 같다. 이런 날은 가슴으로 마시는 한 잔의 커피 향을 타고 고향의 거리를 걷고 싶다.

떠나는 연습

햇살이 맑은 금요일 아침이다. 내가 사는 미 서북지방의 가장 좋은 여름이 왔다. 이번 주말 우리 동네에서 일 년에 한 번씩 하는 가라지 세일(Garage Sale)을 한다. 한국에서는 볼 수 없는 생활문화다. 집에서 사용하지 않거나 보관을 원하지 않는 물건들을 저렴한 가격에 판매하는 일종의 열린 장터다.

이사를 하기 전 집안에서 하는 무빙 세일(Moving Sale), 마당에서 하는 야드 세일(Yard Sale), 그리고 차고 앞에서 하는 가라지 세일(Garage Sale) 등이 있다. 이름은 각기 다르지만 쓰지 않는 중고 물건에 가격을 붙여서 판매하는 목적은 같다. 세일은 금요일, 토요일 그리고 일요일 3일간 행하여진다. 첫날보다 둘째 날은 물건 값을 30% 저렴하게 팔고, 마지막 날인 일요일에는 물건

값이 50%로 떨어져 처분한다. 세금이 따로 부과되지 않아 때로는 좋은 물건을 반값에 살 수 있어 많은 사람이 즐겨 찾는다. 동네마다 물건의 질이 다르기에 잘사는 동네에는 아침부터 양쪽 길가에 차들이 늘어선 진풍경도 볼 수 있다. 때로는 돈을 주면서 가져가라고 해도 싫은 물건들도 많다. 신발, 각종 의류, 이불, 담요 등등 많은 잡동사니가 가득한 집도 있다. 길가에 팻말을 보고 찾아오는 경우가 대부분이지만 때로는 신문과 인터넷을 보고 찾아오는 사람들도 있다. 어떤 세일을 하든지 준비 과정이 필요하다. 나는 그 번거로움을 줄이기 위해 안 쓰는 물건은 일 년에 두 번 정도 구세군(The Salvation Army)에 헌납하여 처분한다.

남편과 영화구경을 하고 집으로 돌아오는 길목에 걸려있는 에스테이트(Estate Sale) 세일 팻말을 보았다. 에스테이트 세일은 할머니, 할아버지 등 누군가가 돌아가고 난 뒤 그들의 유품을 판매하는 것을 말한다. 돌아가신 분들의 자녀나 혹은 연관된 사람들이 전문회사에 청탁하여 유품들을 정리하고 남은 재산을 처분해주는 것이다. 무빙 세일, 야드 세일, 가라지 세일과는 달리 에스테이트 세일은 온 집안이 공개된다. 한국 사람들은 죽은 사람의 유품을 거부하는 경우가 많지만, 미국에서는 값진 물건과 큰 물건들이 많이 있는 에스테이트 세일에 많은 사람이 붐빈다. 우리와 다른 미국문화의 한 단면을 들여다볼 수 있다.

먼저 들어가야 원하는 물건을 살 수 있어 아침 일찍 줄을 서서 기다리는 사람도 많다. 전문적으로 물건을 사고, 파는 상인들도 관심이 많다. 좋은 물건이 많기 때문에 부자 동네일수록 사람들이 많이 모여든다.

번호표를 받고 중년 여인의 안내를 받으며 집안으로 들어갔다. 집안은 깨끗하게 잘 정돈되어 있었고 많은 가구와 소품들에 가격표가 붙어 있었다. 응접실의 가구, 식탁과 의자, 책상들은 벌써 팔렸다는 쪽지가 눈에 띄었다. 벽에 걸린 유명 화가의 그림들, 식기, 디너 세트 등은 수집용으로 충분한 가치가 있어 보였다.

살림살이를 눈여겨보니, 그 주인이 어떻게 살았는지 짐작할 수 있었다. 못 자국 하나 없이 원목으로 만든 의자가 있는 2층 침대방에 들어섰다. 활짝 열어 놓은 창문으로 푸르고 잘생긴 산봉우리와 아름답게 잘 손질한 정원이 한눈에 들어왔다. 여름을 여는 꽃들의 진한 향기가 열어 놓은 창문으로 아지랑이처럼 스며들었다. 산에서 불어오는 바람과 함께 진한 초록 냄새가 슬픔과 고독으로 마음을 파고들었다.

침대 옆 작은 테이블 위에 탁상시계가 보였다. 전부터 갖고 싶어 했던 종류의 탁상시계였다. 손을 올려 만져보았다. 알지 못하는 그분의 손길이 곳곳에 서려 있는 것 같았다. 지나간 세월 속에서 그분의 냄새가 피어났다. 이 시계에 어떤 역사가 담겨 있을까? 사뭇 궁금했다. 방구석마다, 곱게 간직한 그분의 손길이 여기저기에서 묻어나 보였다. 남편은 이 방 저 방 한 바퀴를 돌아보고 사고 싶은 것이 있으면 사라고 했다. 나는 아무 말 없이 고개를 흔들며 집으로 가자고 재촉을 했다. 무지근하게 정지된 시간 밖으로 뛰어나오고 싶었다. 추억으로 가득 찬 고인의 흔적들이 타인들의 발자국으로 얼룩져 가는 공간에서 탈출하고 싶었다. 돌아오지 않을 그분의 떠나간 시간이 연둣빛 아지랑이로 처마 끝에 머물러 있는 것처럼 느껴졌다.

하늘은 맑고 구름 한 점 없는데 내 마음속에 찬비가 내리는 것 같았다. 삶에는 두 가지 목표가 있어야 한다는 생각이 든다. 하나는 얻고 싶은 것을 얻는 것과 다른 하나는 얻은 것을 충분히 누리며 쓰고 즐겨야 한다는 사실이다. 운전하는 남편의 옆얼굴을 보며 나도 이젠 갖고 싶다는 욕망을 버릴 때가 된 것 같다는 생각이 들었다. 인생의 마무리를 같이할 나의 동반자. 한 우산을 같이 쓰고 동행하는, 내 눈물의 의미를 아는 사람이 옆에 있어 행복하지만, 우리도 나이가 들었다는 서글픔이 밀려왔기 때문이다.

이름을 모르는 그분이 남기고 간 유품 속에서 나는 내 자신을 뒤돌아보는 유익한 시간을 가졌다. 미국의 작가인 레지나 브렛(Regina Brett)의 '인생이 내게 가르쳐준 45가지 교훈(45 Lessons Life Taught Me)' 중 한 구절을 생각해본다. '인생은 예쁜 리본에

묶여서 오지는 않지만, 그래도 여전히 선물이다.(Life isn't tied with a bow, but it's still a gift)'

귀한 선물로 받은 나의 삶. 앞으로는 더 많이 즐기며 살아야겠다는 생각을 굳힌다. 특별한 날을 위해 아껴둔 본차이나 접시를 꺼내 오늘부터는 망설임 없이 써야겠다. 집에서도 구색을 갖춰 예쁜 옷을 골라 입고, 남편이 좋아하는 향수를 뿌리고, 식탁에 앉아 맛있는 식사를 함께 즐겨야겠다. 물론 감미로운 음악도 있어야 하고 아름다운 꽃도 식탁 위에 있어야겠지. 후회 없이 사랑하고 또 사랑해 보자. 하루하루가 나에게 주어진 특별한 선물의 날들이기에 더 소중한 시간으로 채워야겠다. 이 세상 태어날 때의 자유로움처럼, 떠날 때도 홀가분하게 떠날 수 있도록 하나하나 정리하는 삶을 살아야겠다는 나의 말에 남편도 긍정의 눈빛으로 미소를 흘렸다. 돌아오는 발걸음이 가벼웠다.

짧지만 긴 여운(餘韻)

상쾌한 아침이다. 물감을 풀어놓은 듯 하늘은 파랗고 이슬 맺힌 잔디밭에 사과 꽃잎이 떨어져 융단처럼 수놓아 아름답다.

봄은 홀연히 왔다가 슬그머니 사라져가는 신기루다. 오늘은 모든 소식과 단절하고 싶다. 얼마 전에 다녀온 페루 여행을 정리하고 싶다.

전화통화나 인터넷도 되지 않은 세상과 단절된 혼자만의 공간을 찾아 산길을 올라 내 오두막집으로 향한다. 곳곳에 화려하게 핀 꽃잎이 한 줄기 바람에 날려 작별인사를 한다. 반짝 피었다 사라진 잉카제국의 역사와 신화가 흩어지는 꽃잎과 같이 눈앞에 그려진다.

하늘엔 독수리, 땅은 퓨마 그리고 땅속 뱀의 지혜를 믿었던 잉카인들. 목숨을 걸고 쌓아 올린 마추픽추(Machu Picchu)를 남겨두고 어느 순간 모두 사라진 잉카인. 여행길에 구매한 '엘 콘도르 파사(El Condor Pasa)'의 깊고 애절한 멜로디를 들으며 침엽수림(針葉樹林)을 천천히 달린다.

여행을 떠나는 이유는 사람마다 각각 다르다. 나는 타인의 시선에서 벗어나는 기쁨과 일상을 떠나 새로운 에너지를 얻고, 낯선 곳에서 홀로 맞이하는 '나'를 찾기 위해 혼자 여행을 떠난다. 그 여행길에 좋은 음악이 함께한다면 더할 나위 없이 좋다.

때로는 전혀 생각지도 않게 두근거리는 감성의 행운을 잡기도 한다. 이번 페루 여행이 바로 그랬다.

마추픽추는 불가사의 그 자체였다. 하늘의 끝이요 더는 날갯짓을 하여 도달할 수 없는 초극의 공간에 시간이 멈춰선 느낌이었다. 고산(高山)이기에 어디를 가나 구름이 내 눈높이에 있다. 가쁜 숨을 몰아쉬며 머리 위와 발밑에 흐르는 구름을 손으로 잡아본다. 눈이 시릴 정도로 푸른 하늘에 한 번 풍덩 빠져보고 싶은 유혹을 느끼게 한다. 수없이 사진으로 보았던 거대한 도시는 마치 태양을 묶어버린 거대한 돌기둥처럼 남아있었다.

공중에 섬처럼 떠 있는 숨겨진 도시를 보는 순간 아무 말도 할 수 없었다. 세상에 어떻게 아찔하게 높은 산봉우리에 비밀스러운 도시를 만들 수 있단 말인가? 인간의 창의성으로 빚어진 걸작의 웅장함을 어찌 내 눈에 다 담을 수가 있겠는가? 숨이 멎을 것만 같았다. 높은 안데스(Andes) 산맥의 기후와 희박한 산소 부족이 아니었다. 현란한 햇빛을 타고 벗겨진 구름 사이로 하늘의 정원을 보는 순간 태초부터 꿈틀거리던 땅속의 불길이 얇은 지층을 타고 화산처럼 솟아 나의 온몸을 덮쳐왔다.

구름이 몰려왔다. 돌의 도시는 녹청색을 띠고 구름 따라 매력적으로 펼쳐졌다. 그의 신비함이 세계 7대 불가사의의 하나로 선정된 아름다움의 극치를 더해 주었다. 하늘을 이고 있어도 무거운 줄 모르는 공중도시의 정교한 석조건축과 특유의 돌담을 본다. 돌에도 피가 돈다. 자연이 만든 숨결과 핏줄이 통한다.

오백여 년 동안 풍랑에 씻겨 깨어진 돌 틈에서 나는 잉카의 숨결과 아픔을 느낀다. 화산의 불꽃은 식었지만, 그 속에 흐르는 잉카의 꿈틀대는 의지가 보였다.

산속 깊은 곳, 사람의 발길이 닿기 힘든 가파른 협곡 절벽 위에 서 있는 잉카의 도시. 어떤 목적으로 건설되었고, 어떤 사연으로 역사의 뒤안길로 사라졌는지 알 수 없는 수수께끼의 도시다. 황금을 꿈꾸던 스페인 군대에 쫓겨 마지막으로 숨어 들어간 최후의 도시라는 추측뿐, 아무것도 확실한 근거가 없다. 그래서 그런가? 고대 삼대 문명이며 미스터리로 남아있는 라틴 아메리카의 잊힌 제국 아즈텍, 마야 그리고 잉카 중에 나는 잉카 제국(Inca Empire)에 기묘한 애정과 슬픔을 느끼며 돌아왔다.

여행은 시작보다 돌아와 생각할 때가 더욱 좋다. 황금 햇살이 끝없이 펼쳐진 초록색 호수 위에 보석처럼 빛나는 물결과 어울려 춤을 춘다. 건너편 산 등에 걸린 무지개를 상상하며 나는 글쓰기를 시작한다. 온종일 안데스의 음악에 배어있는 한(恨) 맺힌 슬픈 멜로디를 듣는다. 귀에 익은 우리나라의 향토적이고 서정적인 단소나 일본의 전통음악인 샤쿠하치와 비교할 만한 잉카의 피리(Quena 케나) 소리가 낯설지 않고 정겨웠다.

피곤한 눈을 비비며 녹색 노트를 손에 쥔 채 별들이 숲 속에 잠자고, 달님이 그림을 그리는 베란다에 나와 은빛 물결의 깊은 호수를 내려다본다. 멀리 보이는 높은 향나무에 걸린 둥근 달 속에는 콘도르(Condor: 남미산 큰 독수리)가 양 날개를 펼치고 천천히 날고, 어디선가 잉카인의 피리소리가 내 마음 빈 끝자락을 후벼 놓는다. 신전(神殿) 전체를 황금으로 덮을 만큼 금이 많았던 잉카제국. 아름다운 잉카의 문명을 파괴하고 금제품을 녹여 자기의 조국인 스페인으로 보낸 정복자 프란시스코 피사로(Francisco Pizarro).

금을 위해 잉카제국을 말살했던 피사로는 금을 탐낸 부하에게 암살되었다. 그가 처형했던 마지막 잉카의 왕이 광장 한구석 석관에 누워, 지금은 누가 그 금의 주인이 되었나 생각하고 있을까?

모든 것은 사라진다. 어디로 사라졌는지 알 수 없는 잉카인들의 영광처럼 지상의 모든 것은 '잠시'라는 역사 속에서 사라진다. 이 순간도 세월 속에 흐르고 사랑, 청춘, 성공 그리고 생명도 '잠시' 속에서 모두가 사라질 것이다. 인생은 순간이다. 오늘 누려야 할 행복을 내일로 미루지 말고, 오늘 고백하고 싶은 사랑을 내일로 미루지 말자. 순간이 모여 시간이 되고 시간이 모여 세월이 된다. 내일이 온다는 보장은 없다.

짧았던 여행이지만 긴 여운을 남긴 페루. 여행은 눈과 생각의 폭을 넓게 해주고 삶을 즐겁게 만들어준다. 여행에서 살아온 날들을 돌이켜보며 마음의 안정을 얻는다면 충분한 가치가 있는 일이다. 이 순간이 영원히 흘러가도 무엇인가 찾아 헤매는 설레 임의 특권을 누리고 내가 살아있다는 증거를 발견하기 위해 나는 오늘도 또 다른 여행을 준비한다.

마음 다스리기

오늘은 인내심을 시험하는 날이다. 하루하루가 전쟁이란 말이 있듯이 기쁨과 슬픔, 분노와 화해가 어우러져 공존하는 삶에서 때론 좋은 뜻으로 하는 일이 의도와는 다르게 전해져 감정의 문제로 번지는 안타까운 경우가 있다. 그러고 보면 사람의 마음을 온전히 표현하는 언어는 지구상에 없을 듯싶다. 내 마음을 다스리는 일도 힘이 드는 세상에 남의 마음을 헤아린다는 것은 분명 쉽지 않은 일이다. 오늘도 그런 경우였다. 마음을 가다듬고 주어진 상황을 좀 더 냉철하게 판단하는 참을성이 필요했다. 뒤돌아 생각해보면 아무 일도 아닌데 부정적으로 보는 것이 아닌가 하는 생각에 빠져 나의 인내심을 시험하는 계기가 되기도 한다.

언어는 그 사람의 인격이요 성품(Character)이다. 단체 카카오톡에서 읽은 글이 몹시 마음을 언짢게 했다. 오픈라인으로 받은 공지에서 동인지 표지에 대한 나의 의견을 보낸 것이 화근이었다. 미국과 한국의 시차(時差)가 문제였다. 반갑고 기쁜 나머지 무심코 내가 보낸 카카오톡 소리가 어느 분의 수면에 방해가 되었다는 내용이다. 시차를 생각하지 못한 나의 실수보다 분노 뒤에 감춰진 단어가 마음을 무겁게 했다. 어두워지는 나의 표정을 살피며 옆에 있던 남편이 물었다. 자초지종을 듣던 남편의 말이 걸작이다. "요즈음은 세계가 하나로 된 정보시대이기에 카카오톡 소리는 일상의 한 부분이다. 알림음에 예민한 사람들은 전화기 환경설정에서 '벙어리(Mute)' 기능을 이용하면 되는데…." 하면서 어색한 표정을 짓는다. 세계에서 제일 발달한 통신기술 혜택을 받고 사는 한국인이면 스마트폰기능을 알고 있을 텐데. 불편한 마음을 털어버리라고 위로해준 남편의 말 한마디에 굳었던 긴장이 풀렸지만 아쉬운 마음이 쉬 가시지 않는다.

문자가 발명된 후 고대에서 현대에 이르기까지 정보와 지식을 교환하며 쓰던 글과 편지 대신 지금은 간략화된 쪽지형식의 이메일과 카카오톡이 등장했다. 모든 것이 간소화되면서 편리함에 비례해 부작용도 따르고 있다. 생각이 단순화되면서 복잡하고 미묘한 사람들의 감정도 간편화되어 생각 없이 선택하고 행동한다. 오늘의 작은 아픔도 단조로운 사고(思考)에서 비롯된 결과다. 현대인들은 하루 중 깨어있는 시간 거의 대부분을 스마트폰과 함께 생활한다. 현란한 손놀림으로 문자를 주고받으며 대화를 나눈다. 그것이 상대방에 대한 우정이고 친근감의 표시라고 생각한다. 즉 답이 없으면 서운하다는 문자가 날아온다. 시도 때도 없이 오는 문자에 일일이 대답하기 골머리가 아프기도 하지만 회피하면 왕따 당하는 기분이 들어 매번 거절하기도 쉽지 않다. 기계문명의 발달은 생활에 신속함과 편리성을 안겨주지만 인간 스스로 구속하는 면도 없지 않은 양면성을 가지고 있다. 그 함정에 빠졌다고나 할까. 정을 앞세운 나의 관심과 열정이 남에게 불편을 준다는 사실을 까마득히 잊고 행동한 나 자신이 부끄러워진다. 현대인의 편리성과 자유로움에 어느새 익숙해진 나의 실수.

우리는 매일 많은 부류의 사람을 만난다. 개개인 모두 다른 성품을 가졌기에 원만한 인간관계를 유지하기란 쉽지 않다. 재능은 천부적으로 주어진 것이지만 성품은 본인이 만들어가는 것이다. 성품의 시작은 인간관계에서 나타나는 내면의 아름다움이다. 요즈음 남편은 하루가 다르게 변하는 사회풍토에 대한 고민을 이야기하곤 한다. 부하직원이 직무상 실수를 해도 추궁을 하거나 화를 낼 수 없다고 한다. 마음을 자제하며 부하직원과 차분한 대화로 문제점을 풀어야 하는 일이 갈수록 어렵다고 털어놓는다. 우리가 현대사회를 살면서 가장 필요한 것은 인내심을 기르는 일이 아닌지 싶다. 앞뒤를 가리지 않고 즉시 행동하는 인스턴트 같은 요즈음 시대에서 품위와 가치를 지키는 일이 사치로 보여지는 현실이 씁쓸하기만 하다.

노자(老子)에 나오는 유능제강(柔能制剛: 부드러움이 강함을 이긴다)을 되새긴다. 강한 말보다는 부드러운 말로 여유가 있게 인내하는 습관을 지니라는 말이 아닌가. 나는 워낙 천부적으로 낙천적인 삶을 살아온 터인지 아직도 철부지 같다는 생각을 하면서 호탕하게 웃어본다. 참고 견디는 일이 익숙해질 때도 됐건만 그 끝이 아직도 보이지 않으니…. 내게도 그날이 올지 묘연해서 한 번 더 소리 내어 웃는다. 웃는다는 것은 자신을 낮추고 부정을 긍정으로 인정한다는 마음의 표현이기 때문인지 몸도 마음도 한결 가벼워진다.

가벼워진 마음으로 짧은 사과의 글을 보내고 나니 녹슨 쇠처럼 마음을 갉아먹던 감정이 맑게 바뀌었다. 자신의 품성을 연마하는데 절제와 인내심이 얼마나 중요한지 알려주는 하루를 살았으니 축복이다. 잃은 것보다 얻은 것이 더 많은 소중한 날을 어이 잊겠는가.

무지개다리

하와이는 제2의 나의 고향이다. 이민자들이 서울이라는 단어에 향수를 느끼듯이 하와이는 생각할수록 가슴이 뭉클해지는 마음의 고향이다.

내가 처음 미국 땅을 밟은 곳이 하와이다. 연방정부 공무원 생활도 이곳에서 시작했고, 실망과 좌절을 딛고 일어서도록 꿈과 낭만을 심어준 곳이기도 하다. 문화와 풍습의 벽을 뛰어넘어야 했던 지난날의 인내와 노력들이 떠오른다. 직장에서 퇴근해 집으로 돌아오는 나의 어깨는 언제나 피곤함에 지쳐있었고, 눈은 늘 젖어있었다. 무지개가 걸린 윌슨터널을 지나 펼쳐지는 카네오헤 바다의 아름다운 정경도 무심히 외면하는 나날을 보내기도 했다. 하와이는 나의 젊은 시절이 고스란히 담긴 어머니의 가슴처럼 포근한 곳이다. 새로운 근무지를 찾아 워싱턴주로 온 지도 20년, 내가 바랐던 것보다 더 좋은 위치에서 정년퇴직을 하고 정착했다. 그럼에도 불구하고 내가 일 년에 두 번 정도는 꼭 하와이를 가야겠다고 다짐한 이유가 있다. 아름다운 하와이 날씨도, 풍경도, 카네오헤 바다를 바라보던 옛집이 그리워서도 아니다. 하와이에는 90이 넘은 엄마가 혼자 살고 계시기 때문이다.

하와이공항에 내리면 향긋한 꽃향기, 피부 속으로 촉촉이 스며드는 싱그러운 바람, 하와이인들의 독특한 옷차림과 미소가 나를 매료시킨다. 한길까지 마중 나올 엄마의 얼굴을 그리면 절로 신이 난다. 얼마만이지? 지난번보다 얼마나 늙으셨을까? 마음만은 언제나 젊은 엄마 생각에 조급해진다. 내가 워싱턴주로 전근을 가던 마지막 밤, 내 짐을 차에 옮겨 주시면서 많이 우셨던 모습이 지금도 눈앞에 생경하게 그려진다.

"엄마, 나하고 같이 살아요."

"너 하고 같이 사는 것도 좋지만 친구도 있고, 내 할 일이 있는 하와이가 난 좋아. 작은 학원이지만 내가 즐겁게 보람을 느끼며 일할 수 있다는 것이 얼마나 축복받은 일이니? 때로는 외롭고 슬플지라도 아직은 하나님이 건강을 주셔서 잘 지내고 있으니 너무 걱정하지 마라."며 어머니는 날 위로하셨다.

눈코 뜰 사이 없이 바쁘게 살다 보니 어느덧 20년이란 세월이 흘렀다. 내가 하와이에 오면 엄마의 하루 생활은 생기가 돈다. 그동안 함께하지 못했던 많은 일을 같이 한다. 새콤달콤한 초장에 비빔밥도 만들어 먹고, 영화 구경도 가고, 쇼핑몰도 다니며 눈요기도 한다. 때로는 황혼이 지는 와이키키해변 모래사장에 앉아 초롱초롱 반짝이는 별들과 친구가 되어 그립던 지난날의 이야기보따리를 털어놓고 기쁨에 사무쳐 눈물짓기도 한다.

주일에는 교회 예배도 함께 참석해서 엄마와 딸이 서로를 위해 기도를 한다. 많은 이야기를 나누지만 일주일이란 시간은 너무 짧고 아쉽다.

엄마는 재주가 많으신 분이다. 동생과 내가 어렸을 때 입었던 옷은 대부분 엄마가 손수 만들어 주셨다. 수입 천을 구해 몸에 꼭 맞게 옷을 만들어 주셨다. 자투리 천으로 내 긴 머리 양쪽 끝에도 큰 리본을 달아주셨다. 색다른 옷을 입은 나는 눈에 띄어 지나가는 사람들의 눈요깃거리가 되기도 했다.

우리 집은 늘 피아노소리가 들리는 집이었다. 엄마는 피아노를 잘 치셨다. 친지들이 결혼하면 늘 웨딩곡을 치셨다. 은반을 구르는 피아노소리를 들으며 난 꽃바구니를 들고 엄마가 해준 예쁜 천사 옷을 입고 내가 결혼하는 것처럼 꽃을 뿌린 적도 있다. 멘델스존의 결혼행진곡을 연주하는 엄마가 신부보다 더 예쁘다고 생각했다. 엄마가 치는 「엘리제를 위하여」, 「은파」, 「소녀의 기도」와 같은 꽃노래를 담장 밖에서 들으며 다녔다. 지금도 피아노 명곡을 들으면 마음이 아련해지고 그리운 옛날로 돌아가고파 진다.

이별은 언제나 아프고 슬프다.

"엄마, 6개월 후에 또 올게. 아프지 말고…."

목메어 말끝을 흐린 채 차를 몰고 골목을 빠져 나오면 어김없이 아름다운 무지개가 하늘에 떠 있었다. 어머니와 내가 가슴에 담아둔 못다 한 말들이 일곱 빛깔의 절묘한 조화로 푸른 창공에 띄워져 이별의 시간을 달래주곤 했다. 무지개는 어머니와 나를 이어주는 태반 속의 젖줄 같은 소중한 끈이다. 무지개를 보면 환하게 웃으시며 마중 나오시는 어머니의 모습이 떠오른다. 무지개는 곱고 고운 어머니의 마음을 꼭 빼닮았다. 무지개만 보면 설레도록 가슴이 흥분되는 이유도 어머니의 정을 느낄 수 있기 때문이다. 무지개는 엄마와 나를 이어주는 다리임이 분명하다.

살아있다는 것은 고마운 일이요, 즐겁고 행복한 일이다. 엄마가 계셔서 내가 찾아갈 곳도 있고, 그곳에는 선명한 무지개를 볼 수 있어 참 좋다. 헤어져 사는 아픈 마음보다 또 다시 만날 수 있다는 기대감이 늘 나를 설레고 흥분되게 한다.

하와이는 낭만과 꿈이 살아있는 곳이다. 많은 사람들이 가고 싶어 하는 곳. 그곳에 추억이 있고 그리운 사람이 있다는 것은 큰 행운이다. 그 행운을 낚으러 나는 마다하지 않고 태평양을 건너다니면서 희열에 잠긴다. 그곳엔 사랑하는 나의 어머니가 계시기 때문이다.

미로(迷路)

하얀 연기를 본다. 이곳저곳에서 이글거리는 불꽃이 하늘로 난다. 아! 누군가가 타고 있다. 한 사람의 삶이 사라지고 있다.

망자의 혼이 저승 문턱을 넘어 자유롭게 하늘을 유영한다. 죽음은 육체가 사라지는 것일 뿐 영혼에는 죽음이 없다고 본다. 갠지스 강변 노천화장터에는 시체가 늘어서 있다. 삶을 끝낸 시신이 화장의식을 거쳐 강물에 안겨 극락으로 떠나기 위해 순서를 기다리는 중이다. 수십, 수만 개의 셀 수 없는 사연들이 하나씩 활활 타는 불 속에서 춤을 추고 있다.

인간의 겁(劫)을 벗어버린 육신의 잔해(殘骸)는 부처님이 목욕한 어머니의 젖줄, 갠지스 강에 뿌려진다. 화장은 속세에 오염된 영혼을 정화하는 의식이다. 영혼을 정화할 필요가 없는 어린

애와 승려의 장례식은 때때로 화장하지 않고 강물에 흘려보낸단다. 흰 광목으로 감은 시체를 운반하는 나룻배가 내가 타고 있는 배를 스쳐 화장터로 오르고 있다. 떠도는 영혼을 따라 갈 매기가 호위하듯 그 위를 난다. 산 자나 죽은 자나 갠지스 강과 함께 흐른다. 과거와 현재가 삶과 죽음으로 공전하는 문화적인 현실의 물결이 풍랑처럼 밀려와 가슴을 조인다. 책에서 읽고 사진으로 보았지만, 모든 사물이 충격적으로 다가온다.

갠지스 강변에는 계단식 목욕장이 길게 만들어져 있다. 이른 아침 갠지스 강에서 목욕하는 인도인들을 본다. 가슴이 뛴다. 삶에 매달리지 않고, 생에 발목 잡히지도 않게 살고 싶은 사람들이다. 한 번도 만난 적이 없는 그들의 영혼이 울림으로 전달돼 온다. 서늘한 바람이 목덜미를 스친다. 세상의 먼지가 온몸에 두드러기로 솟아오르는 기분이다. 오랜만에 강물에 귀 기울여본다. 각자 다른 모양의 죄를 포옹하고 씻어내는 강물의 유유함에서 고통스럽게 울부짖는 인간의 몸부림이 물결로 메아리친다.

갠지스 강은 내가 본 세계 어느 강(江)과는 너무 다르다. 세계 4대 문명발상지인 이집트의 나일 강, 중동에 메소포타미아, 중국의 황하와 다른 또 하나의 독특한 신비가 담긴 곳이다. 만약 인간에게 죽음이 없다면 삶의 의미를 잃게 될지도 모른다.

이곳에서 나는 삶 속에 죽음 있고, 죽음 속에 담긴 삶의 철학을 경험하고 있다. 강렬한 힘의 전율이 온몸으로 전파된다.

감정에도 에너지가 있나 보다. 머리에서 못 받아들이니까 통증이 생긴다. 수습할 수 없는 공포가 블랙홀(Black hole)로 빨려드는 기분이다. 하늘엔 은하수가 쏟아져 내린다. 종교는 다르지만, 인간의 번민과 고민, 그리고 사랑은 인류의 공동 감정이며, 죽음은 그 누구에게도 어길 수 없는 생명의 질서로 여겨진다.

'인생을 좀 더 알려면 인도를 가라'는 말이 생각났다. 인도는 보고, 느끼고, 마음을 비우고, 사색(思索)하게 하는 나라다. 히말라야 산맥 아래, 네팔 왕자인 부처님이 태어나신 곳. 세계 각가지 종교가 공존하는 나라. 멈춰선 것처럼 옛 모습 그대로 사는 나라. 질서가 없고 차선이 없고 신호등이 없지만, 무질서 속에 질서가 존재하는 나라. 개, 소, 염소, 낙타, 양 떼 등 온갖 동물과 함께 사는 나라. '똥을 밟지 말고 걸으라'는 말이 처음에는 이상했지만 돌아올 때는 친숙하게 들린 나라. 지구촌에 이런 곳이 또 있을까? 말로 다 나열할 수 없을 정도로 낯설고 더럽지만, 이상하게 매력적인 나라다. 힌두교의 윤회사상은 이승에서 자신의 삶에 불평하면 다음 생(生)에서 더 나쁘게 태어난다는 것이다. 이런 사상을 이어받은 그들은 비참한 생활환경에도 잘 순응하며 단순하게 살아간다.

새벽안개가 갠지스 강을 솜이불처럼 품고 있다. 작은 금빛 항아리를 들고 맨발로 강가로 들어가는 아낙네를 본다. 어제를 살다간 영혼들의 뼛가루가 뿌려진 강물을 항아리에 소중히 담고 있다. 아플 때 한 숟갈씩 물을 마시고, 때로는 한 방울의 물로 상처를 치료하는 보약 중의 보약으로 쓰기 위해서다. 슈퍼 박테리아가 들끓는다고 생각되는 뿌옇고 탁한 갠지스 강물을 인도인들은 신(神)이 주신 성수(聖水)로 생각한다.

산 사람도 죽은 시체도 찾는 갠지스 강. 시뻘건 불꽃 속에 타오르는 영혼. 웃다 울다, 울다 웃었던 무거운 인간의 삶은 하얗게 타버린 한 줌의 재가 된다. 망자의 그리움과 미움의 세월이 한순간에 흔적 없이 사라지는 곳. 윤회(輪廻)의 굴레에서 벗어난 영혼들은 이승과 저승 사이를 날고 있다. 천당과 지옥으로 나누어지는 하늘가에 머뭇거리는 하얀 연기를 본다. 어느 곳으로 가야 할지? 알 수 없는 길목에서 잠시 쉬는 것처럼 느껴진다. 그 길이 우리의 길이 아닌지 조명해 본다.

인생은 되돌아오는 길이 없다. 날아라. 날아라, 하늘 끝까지 날아오르라. 가보면 안다고 끝이 보인다고 둥근 달도 손짓한다.

나의 심장에도 광풍이 분다. 이것이 인생(人生)인데, 인생은 미로(迷路)인데….

에덴의 동쪽(East of Eden)

밖은 아직도 캄캄하다. 먼동이 트기에는 조금 이른 시간이다. 대부분의 사람들은 졸고 있다. 어젯밤 늦게 호텔에 도착하여 다시 새벽 5시에 또 버스투어로 장거리 여행을 하는 것이 무리다. 한국에서 오신 스승을 모시고 미국의 3대 자이언, 브라이스, 그랜드 캐년(Zion Canyon, Bryce Canyon & Grand Canyon)과 서부 일주 5박 6일의 여행을 하고 있다. 고객에게 저렴한 가격으로 많은 곳을 단시일에 보여줘야 하는 한국 여행사도 참 힘든 직업이라는 생각이 든다.

안개비가 내린 새벽 가로등 불빛이 반사된 '임진(Imjin)'이란 지명이 눈에 띈다. 미국 캘리포니아, 몬테레이(Monterey, California)

해안도로에서 한국 이름을 보니 반갑다. 지나친 표지판을 다시 돌아보았다. '임진'에 관한 안내자의 간단한 설명이 있지만, 불 꺼진 버스 속은 새벽잠에 취해 관심 있게 듣는 사람이 없다. 한국과 인연이 깊은 이름이다. 임진이란 지명은 빨간 바탕에 검은색 모래시계의 부대마크인 미 육군 7보병사단(7th Infantry Division, Hourglass)이 주둔한데서 그 이름이 비롯됐다. 미 태평양 총사령관 맥아더(Douglas MacArthu) 장군의 명령으로 존 하지(John Reed Hodge) 중령의 지휘 하에 9월 8일 인천에 상륙한 전투부대다. 임진강 전투를 비롯하여 만주 국경까지 진격했고 휴전 뒤 경기도 동두천에서 한국군과 함께 비무장지대를 주둔했던 부대다. 미 7사단의 별명은 '아리랑' 또는 '임진'이며 한국에서 철수한 뒤 군인 가족이 부대와 같이 이동하여 이곳 캘리포니아로 옮겨왔다. 해안선을 따라 뻗은 카브릴로 고속도로(Cabrillo Highway)로 연결된 임진공원과 임진도로 근처에는 한국인이 많이 살고 있다는 설명이다. 매력적이고 아름다운 미국 캘리포니아 중부 해안에서 한국 이름의 도시를 만나니 자랑스러운 마음이 앞선다.

어둠이 가시고 새날이 밝아오며 대지는 서서히 옷을 벗는다. 초록빛의 작은 능선은 더욱 아름답고 신선하게 보인다. 숲 속에서 불어오는 이슬 같은 푸른 바람을 마음껏 마셔본다. 작은 스프링클러의 물줄기가 안개처럼 밀려온다. 캘리포니아주와도 바꾸지 않는다는 노벨상을 탄 「에덴의 동쪽(East of Eden)」 작가 존 스타인벡(John Ernest Steinbeck)의 고향. 에덴의 동쪽(East of Eden)은 구약성경 창세기에 나오는 곳이다. 아담의 아들 가인이 그의 동생 아벨을 살해하고 에덴의 동쪽으로 갔다. 에덴의 동쪽은 이미 에덴동산이 아니다. 또한, 이곳은 짧은 나이로 세상을 떠난 '에덴의 동쪽'이란 영화에 출연한 제임스 딘(James Byron Dean)의 마지막 생애와 간접적인 관련이 있는 곳이다. '영원히 살 것처럼 꿈꾸고 오늘 죽을 것처럼 살아라.(Dream as if you'll live forever, Live as if you'll die today)'고 한 그는 24세에 자신의 삶을 마감하였다. 교통사고는 언제나 안타깝다. 그가 선택해서 빨리 달려간 지름길은 그의 마지막 인생의 지름길이 되었다. 비록 은막에서의 생활이 짧았지만 많은 사람은 지금도 그를 잊지 못한다.

세계의 샐러드 그릇(America's Salad Bowl)이라고 불리는 미국의 주요 채소 생산지인 살리나스 밸리의살 (Salinas Valley) 검붉은 색의 비옥한 땅을 지나 산을 넘으면 세계 10대 낭만적인 관광지로 손꼽히는, 미국인들이 사랑하는 '17 마일드라이브 (17-miles Drive)' 코스에 도착했다. 엄청난 부와 권력을 지닌 자들의 별장들이 숲과 나무 사이로 그림같이 보인다. 부드러운 해안선을 따라 17마일 드라이브 코스는 '세상에서 가장 아름다운 길'이다. 거센 바닷

바람을 견디며 절벽 바위틈에 뿌리를 박고 고고하게 자란 삼나무인 사이프러스(Cypress Tree) 나무와 유령의 나무(Ghost Tree)가 푸르고 맑은 바다 냄새와 어울려 나의 마음을 흥분시킨다. 바람이 차갑고 태평양 안개가 묻어온다. 바닷새들의 낙원인 새 섬(Bird Rock) 위에 일광욕을 즐기는 펠리컨과 갈매기가 춤추고 바다사자(Sea Lion)의 요란한 노래는 물결도 춤을 추며 즐긴다. 바람에 삐죽하게 변해버린 나무들과 비취색 바닷물, 기기묘묘한 바위들이 어울려 사방이 한 장의 그림엽서다. 찰랑대는 은빛 물결에 씻겨 새하얀 모래밭의 파란 이끼를 이불처럼 덮고 누운 허리 잘린 썩은 나무 위를 나는 물새가 자유롭고 평화스럽게 보인다. 언제 와 보아도 '에덴의 동쪽'이라 표현될 만큼 아름다운 곳이다.

해안선을 중심으로 디자인한 지구 위에 마지막 남은 천국, 꼭 가봐야 하는 '꿈의 전당' 혹은 '천국의 앞마당'으로 불리는 세계 3대 페블비치(Pebble Beach) 골프장이 눈앞에 펼쳐진다. 평화롭게 즐기고 있는 사슴들의 천국이기도 하다. 신비로운 자연경관을 따라 호텔과 골프와 관련된 아담한 가게가 잘 가꾸어져 나무와 꽃들 속에 장관을 이룬다. 과연 지구 위에 창조주가 만드신 에덴의 동쪽이 이곳일까?

이곳은 추방당한 자들이 사는 에덴의 동쪽인데 왜 많은 사람은 '지상의 낙원'이라고 부르며 선호하는 것일까?

『에덴의 동쪽』 작가의 고향인 살리나스 밸리(Salinas Valley)에서 남쪽으로 30마일 떨어진 곳에 스페인 말로는 외로움이라는 솔대드(Soledad in Spanish) 성당이 있다. 얼마나 외로우면 'The Lonely Mission'이라고 불렀을까? 에덴에도 외로운 곳이 있나 보다.

낙원 같은 이곳에도 고독의 영혼을 등에 지닌 외로운 성당도 있고 흉악한 범죄자들의 소굴인 주립교도소도 있다. 이곳에서 머지않은 거리에 에덴동산을 떠난 가인의 후세들이 집단으로 거주하는 살리나스 밸리 주립교도소가 있다. 감옥에는 70%가 갱단의 소속이며 조직 간의 세력 다툼으로 언제 터질지 모르는 화약고 같은 흉악범들로 미국 내에서도 손꼽히는 위험한 교도소이다. 사람들은 모두 에덴동산을 꿈꾸면서 산다. 죽어서라도 에덴동산으로 가고 싶어 한다.

나는 여행할 때마다 나름대로 보고 느낀 것을 기록으로 남긴다. 아름다운 경치를 보며 과연 나의 에덴은 어디일까 생각해 본다. 안정된 삶과 포근한 감사와 사랑이 있는 나의 가정이라 생각된다. 가정은 가장 작은 하나의 사회다. 부부가 서로 다듬어주며, 머리 색깔 하얗게 엷어지는 세월 속에 흐려지는 눈을 닦아주며 조금씩 굽어가는 어깨를 서로 어루만지며 사는 곳이다. 때로는 서로의 욕구와 취향이 다른 것을 인정하고 모든 갈등을 사랑의 방정식으로 풀어가는 부부가 사는 곳이 에덴동산이 아닐까 생각해 본다.

빈 하늘에 던지는 노래

겨울을 재촉하는 비가 내린다. 밑도 끝도 없이 내리는 가을비에 나무는 옷을 벗기 시작한다. 붉게 물든 단풍잎이 비를 안고 땅에 내려앉는다. 나뭇잎처럼 내 마음도 엷은 우수에 젖어 든다.

떨어지는 낙엽을 바라보며, 나도 하나하나 정리를 해야겠다는 생각이 들었다. 한 해가 지나도록 입어보지 않은 옷과 쓰지 않은 물건들을 버려야겠다. 정리되지 않은 서랍과 옷장을 열어 본다. 친구에게 선물 받은 아프리카 원주민이 만든 스웨터, 동대문과 남대문에서 사온 자질구레한 물건을 한구석에 밀어 놓는다. 순서 없이 넣었던 물건들도 하나하나 꺼내 본다. 어느 것 하나 사연이 없는 물건이 없다. 무척 아깝다. 미련은 금물, 누구든 새 주인에게 나눠 주기로 마음을 굳힌다. 한때 소중했던 물건을 버린다는 것은 나의 추억을 버리는 것과 다르지 않다.

옷장 구석에 걸린 빨간 원피스가 손에 잡힌다. 순간 울컥 눈물이 쏟아진다. 손이 떨리고 목이 멘다. 눈이 앵두처럼 충혈되고 마음이 후벼 파듯 아프다. 동생이 마지막 사다준 빨간 원피스는 볼 때마다 나를 슬프게 한다. 이별을 생각하기 싫어, 고이 간직했던 옷이다. 오래도록 느끼고 싶은 동생의 그윽한 향기다.

하얀 동생의 얼굴이 옷깃을 타고 그려진다. 버리지 말라고 애원하는 눈빛이다.

우리는 서로 다른 성격을 가진 자매였다. 나는 활동적이고 대담했고, 동생은 차분하고 조용했다. 감수성이 많은 나는 때때로 감정의 노출이 많았지만, 동생은 늘 침착하고 냉철했기에 실수가 적었다. 아버지는 맏딸인 나를 유별나게 사랑하셔 동생 보기에 민망한 때도 있었다. 편식하는 나에게 맛있는 음식과 좋은 물건을 양보하는 것이 동생의 몫이라고 생각했다. 성인이 되어 각자의 삶을 살 때도 나를 위한 마음이 습관처럼 동생에게 젖어있었다. 그러던 어느 날 동생은 청천벽력 같은 위암 수술을 받았다. 가슴 치며 애태우는 기도와 함께 태평양을 건너오고 갔지만, 그해 10월 중순, 사랑하는 동생은 붉게 물든 단풍과 함께 야속하게 떠났다.

어제는 동생이 떠난 지 12년이 되는 날이다. 이 세상에 가장 쓸쓸한 바람이 부는 날이었다. 주말의 도시는 조용히 비에 젖고 있다. 월레미트 강(Willamette River)의 물결도 빗물에 반사되어 뻔쩍거렸다. 몇 년 동안 밤을 지새우며 단련했던 아픔이 다시 뜨겁게 붉은 반점으로 돋아났다. 옷깃을 여미고, 비를 맞아 떨어진 낙엽과 함께 걸었다. 바람 결에 잔가지 하나가 눈앞에 뚝 떨어진다. 앙상한 가지 속으로 동생의 모습이 보인다. 그리워하는 나의 마음을 위로해 주기 위해 그가 보낸 선물인 것 같다는 생각이 들었다. 동생에 대한 그리움이 갈색의 사연으로 문신처럼 전해졌다. 조용한 카페에 문을 열고 들어가 앉았다. 동생이 미국에 올 때마다 즐겨 먹던 매콤한 피자와 맥주를 주문했다. 우린 모락모락 김이 나는 피자를 나누어 먹으며 행복을 쌓고, 웃음으로 사랑을 나누곤 했다.

"생각나니? 지금부터 14년 전, 어느 늦가을. 우리 함께 낙엽을 밟으며 걸었던 강가. 그날도 비가 내렸지! 네가 사는 그곳에도 비가 내리니? 비가 오는 날에는 너는 무얼 하니? 너도 이파리 무성한 가지에 숨겨진 새 둥지를 나처럼 보고 있니?"

강(江)은 조용히 비에 젖고 있다. 한 무리의 새들이 젖은 물 위를 난다. 날아가는 새들이 코스모스처럼, 풋풋한 가을 향기가 배어있는 내 동생의 이야기를 전해줄 것만 갔다. 인생을 알고, 맛을 느낄 만한, 육십도 못 넘기고 가버린 동생이 그립다. 한 조각, 한 조각 모자이크 같은 시간을 주워 모아 찻잔 속에 띄워본다. 지금은 어떤 삶의 그림을 그리며 하늘에서 살고 있을까? 어렸을 때 우리는 늘 함께 다녔다. 내가 성악 레슨을 받으러 선생님 집에 갈 때도 동행해서 얌전히 담 밑에 앉아 한 시간, 두 시간도 기다렸지. 세파에 부딪혀 찢겨진 내 몸의 상처를 눈물로 감싸주던 너는 언니 같은 내 동생이었는데…. 너는 갔지만, 나는 너를 보내지 않았단다. 지금도 내 마음속에 너랑 나랑 이 강가에서 함께 뒹굴고 있잖니?

시간은 누구도 기다려 주지 않는다는 평범한 진리를 누가 모르랴. 적어도 나는 세월이 오는 것이 아니라 가는 것이라고 믿고 산다. 과거의 시간을 퍼즐 맞추듯 재조립해 보지만, 복원되는 순간들은 환상일 뿐 우리 곁에 되돌아 와주지 않는다. 그것이 가혹한 현실이라는 걸 나는 잘 안다. 오늘도 그토록 많은 아쉬움을 남겨놓고, 속절없이 하루를 보내고 있다.

종업원이 가져다준 영수증에 음식 금액보다 12불을 더한 팁을 놓고 식당 문을 나섰다. 영수증 끝자락에 '동생과 함께 즐겨 찾던 곳입니다. 오늘은 동생이 하늘나라로 간 지 12년 되는 날입니다. 슬프지만, 즐거운 추억이 담긴 곳입니다'라고 써내려 간다. 더운 눈물이 소리 없이 쏟아졌다.

빗소리가 제법 굵게 창문을 때린다. 낡은 수첩 속에 기록된 주소록을 펼쳐본다. 이 세상에 주소가 없는 동생의 이름. 모아 놓았던 편지를 읽어본다. 문장마다 따뜻한 마음이 살아 춤을 춘다. 그리운 이름을 노래처럼 하늘을 향해 불러본다. 얼굴도 그리고 음성도 기억해 낸다. 가을날 맑은 하늘빛처럼 그윽한 향기로 다가올 것만 같은 희망을 지울 수 없다. 망각의 시계바늘 되돌려도 회상에 젖은 수채화는 가슴을 적신다. 그리움이 텅 빈 방안에 뭉게구름으로 피어오른다.

어제의 내 모습을 통해 오늘의 상처를 어루만질 수 있어야 한다. 내 발걸음이 머무는 곳마다 사랑을 나누어야 한다. 내가 찾고 있는 동생도 하늘에서 나를 찾고 있을 것이다. 우리는 다시 만남을 믿는다. '오늘은 나의 시간, 내일은 신의 시간'이라 한다. 나에게 주어진 오늘도 사랑하고 싶다. 앞마당의 고운 단풍이 다 지기 전에 하늘을 향해 동생의 이름을 목청껏 불러 본다.

'정희야… 보고 싶다.'

지각생

올해가 셰익스피어 탄생 450주년을 기념하는 해다. 셰익스피어의 숨결을 찾아 연극의 도시 애슐랜드(Ashland, Oregon)를 찾았다. 영국 스트랫퍼드(Stratford)에서는 2014부터 2016년까지, 3년 동안 셰익스피어 탄생기념 축제가 열린다. 영국 빅토리아 여왕은 '인도를 줄지언정 셰익스피어는 주지 못한다'고 했다. 대문호 셰익스피어의 생가는 못가더라도 80주년을 맞는 오리건 셰익스피어 페스티벌(Oregon Shakespeare Festival)을 보러 나섰다. 짜릿한 흥분에 콧노래가 저절로 나와 기쁨을 안겨준다. 옥색빛 하늘이 열리고 구름 물결이 싱그러운 바람에 나는 것 같다. 사실 여행은 시작될 때가 제일 좋다. 무엇인가 다시 채울 수 있는 설렘과 기대로 고속도로를 달린다. 비우고, 채우고 또 하나를 창조하러 모든 것을 버리고 여행을 떠난다. 오늘 나는 세상에서 어느 누구도 부럽지 않은 제일 행복한 사람이라 느껴진다.

셰익스피어 페스티벌은 매년 2월부터 10월까지 애슐랜드에서 열린다. 최고문화의 상징인 셰익스피어의 이름과 잘 어울리는 작고 아담한 도시. 마을 전체가 문학적 향기에 젖어있는 매력적인 도시이다. 언제 와 보아도 정감이 가는 곳이다. 덥지도 춥지도 않은 상쾌한 기후로 미국 은퇴 노인들이 10위로 선호하는 살기 좋은 도시다.

숙소로 정한 호텔 주차장에 도착했다. 몇 대의 관광버스가 도착해 있다. 셰익스피어의 이름으로 돈을 버는 관광지답게 여름이면 호텔도 만원이다. 세계적으로 유명한 연극과 뮤지컬을 보러 미국뿐만 아니라 각국 사람들로 붐빈다. 연극과 뮤지컬 분야에서 최고의 토니상(Tony Awards)을 수상한 오리건 '셰익스피어 페스티발'은 세 개의 독특한 극장을 갖고 있다. 셰익스피어의 축제를 위해 만들어진 좌석 601개의 앵거스 보우머(Angus Bowmer) 극장, 360좌석의 토마스 극장, 2천 개의 야외좌석을 가진 엘리자베스(Elizabethan) 극장이 있다. 세 개의 극장에서는 11개의 셰익스피어 작품과 다양한 현대작품인 연극과 뮤지컬을 선보인다. 독특하고 이색적인 극장 시설은 수십 만 명의 관광객을 수용하는 견인차 역할을 하고 있다.

정확한 정보가 없으면 그만큼 시간적 배려를 해야 한다. 미리 예약을 하지 않은 것이 나의 실수였다. 보고 싶은 연극은 좌석이 모두 팔리고 말았다. 꿩 대신 닭이라고 엘리자베스(Elizabethan)극장에서 고전과 현대가 어우러진 사랑의 뮤지컬 'Head over Heel'를 보았다. 평일인데도 1,200개 좌석이 꽉 찼다. 이색적인 춤과 노래로 화려하고 환상적인 무대였다. 매번 느끼는 것이지만 연극을 통해 시대를 읽을 수 있다. 몇 년 전에 뉴욕 브로드웨이에서 '렌트(Rent)'라는 뮤지컬을 보았다. 마약, 에이즈, 동성연애를 통하여 사랑, 질투와 우정으로 현재 미국의 사회상을 반영시킨 연극이었다. 어둡고, 특별한 줄만 알았던 '에이즈 환자'와 '동성애'를 그린 사회적 문제를 현대감각에 맞게 연출하여 대중의 관심을 끌었다. 이번에 관람한 연극도 세대는 다르나 거의 비슷한 테마의 뮤지컬이었다. 아무 꺼림없이 무대에서 행동하는 동성연애자들의 행동은 예술로 승화되어 빛을 발했고, 전문마술사 같은 기술력과 숨이 막히는 화려한 무대는 관객들을 사로잡았다. 불과 몇 년 전만해도 동성애는 외설적으로 치부되어 도덕, 윤리적으로 지탄 받았지만 지금은 대중의 관심을 끈 소재로 자주 등장한다. 변화의 속도가 과거에 비하여 빨라지고 있다.

나는 여행을 통하여 시대를 읽는다. 재미나 흥미를 떠나 파격적인 소재로 관중에게 사회적인 문제를 다루고 있는 뮤지컬. 표현의 한계에 부딪혔던 위험한 동성애가 전통적인 셰익스피어 극장에서 자연스럽게 공연되고 있다. 시대의 변화에 따라 동성애에 반대하는 사람들의 목소리는 점점 작아진다. 동성애로 인하여 사회적 차별과 부당한 대우를 받아서는 안 되겠지만, 변화에 빨리 적응할 수 없는 나에게 많은 느낌표를 안겨주었다. 사랑하는 사람끼리 정신적, 육체적 결합으로 행복을 추구할 수 있는 권리와 자유는 있다. 그러나 윤리를 고집하는 나의 보수적인 생각은 빠른 변화의 흐름과 발을 맞춰가기에는 역부족이다. 그런 면에서 보면 나는 인생의 지각생이다.

세월의 흐름을 통찰하는 마법과 같은 힘이 있는 뮤지컬. 변화의 물결은 나의 의지와는 상관없이 밀려온다. 어제가 옛날이다.

요동치는 시대의 흐름 속에 나는 외계인이 된 것 같은 느낌이 들기도 한다. 평화롭던 하얀 여백에 내 의지와는 상관없이 얼룩진 무늬가 그려지듯 아직은 혼란스럽다. 옛것을 버리기보다 포용하고 싶은 연민의 정. 버릴 것은 하나하나 벗어 버리고 새로운 생각을 채우려고 떠난 여행길. 생소한 현대의 흐름을 보며 감추어진 내면을 들키지 않으려고 애쓰는 나의 고집이 힘겹다.

더 깊게 이해하고 더 많이 배려해야 하지만 아직은 현대인이 되는 탈바꿈의 시간이 필요한가 보다.

익어가는 햇살은 쭉쭉 뻗은 울창한 나무와 숲에 가득하게 차 있다. 움켜쥔 햇살로 회오리바람을 막아본다. 잰걸음으로 밀려오는 바람을 받기에는 순종의 시간이 필요한 것 같이 낡은 생각의 막을 내리기 전 내가 할 수 있는 말은, 햄릿의 마지막 대사처럼 "나머지는 침묵일 뿐이다(The rest is silence. Hamlet, Act Scene 2)."

삶의 지혜

마음이 아파 우는 여인을 바라본다. 부처도 돌아앉는다는 시앗을 보았으니 그 마음이야 오죽할까? 다 끝난 이야기라고 남편이 용서를 빌지만, 의심과 배신감으로 깊이 멍든 여인의 마음을 감싸주기에는 역부족인 것 같다. 너무 억울해하며 흐느끼는 소리를 듣는 내 마음도 아프다. 가랑잎 날리듯 지나가는 것이 시간인데, 이 순간을 참고 견디기란 몹시 힘든가 보다. 생지옥이 따로 없다는 생각이 든다.

그들은 결혼한 지 35년을 넘긴 부부다. 좀 더 잘 살기 위해 남편이 돈 벌러 쿠웨이트로 간 지 5년 됐다. 부부가 오랫동안 헤어져 산 것이 화근이 되었다. 남편은 그곳에서 돈벌이 하러온 필리핀 여자를 만났다.

친구는 1년에 두 번씩 휴가차 돌아온 남편을 볼 때마다 알 수 없는 변화를 느꼈지만 오랜 부부의 연륜을 믿었다고 한다. 돌아온 남편이 흘린 전화번호를 보고 난 뒤 그의 방황을 눈치챘다. 세밀한 추궁 끝에 남편은 사실을 인정했고, 다시는 그런 일이 없겠다는 맹세를 했지만 감쪽같이 속았다는 사실에 친구의 분노와 충격은 말로 표현할 수가 없었다. 세상에서 가장 믿고 싶었던 남편에 대한 믿음이 무너지고 자신의 존재가 추락하는 혼란에 빠졌다.

의문은 풀렸지만 산산이 부서진 배신감에 친구의 자존심은 곤두박질 땅으로 떨어져 아픔을 느끼고 있다. 세상이 갑자기 무서워지고 살아야 하는 의욕도 없어졌다. 남편은 모든 것이 끝났다고 했지만 그날부터 마음의 고통은 시작됐다. 얼굴만 봐도 짜증이 나고 용서할 수 없는 마음이 커갔다. 남편의 휴대전화를 수시로 도청하며 자기합리화를 주장했다. 이런 수모를 당하면 사회적인 명망과 지위를 가진 여성도 다를 바 없을 것이다.

힐러리도 세상 천하에 공개된 남편의 불륜을 알면서도 그대로 살고 있듯이 억울한 마음은 알지만 참고 진정하라는 말밖에 딱히 해줄 말이 없다. 이런 충고가 곤경에 처한 그녀에게 얼마나 도움이 될지는 의문이다.

부부싸움은 사랑싸움이요, 칼로 물 베기란 말이 있다. 하지만 상황에 따라 달라진다.

부부 갈등의 시작은 사소한 것에서부터 출발한다. 한집에 살면서도 떨어져 사는 것처럼 무관심으로 사는 친구가 있다. 오랫동안 같이 살아왔지만 성격 차이로 이혼을 앞두고 있다. 각자 남은 인생을 마음껏 자유롭게 살고 싶다는 것이 이유다.

부부 사이에 금이 생기는 원인은 대화의 단절이 큰 몫을 차지한다. 대화를 한다고 해도 마음으로 듣지 않고 귀로 스쳐 듣기 때문이다. 서로 이해 못할 때 부부의 조화는 깨지고 불행은 싹이 튼다.

우리가 살고 있는 이 시대는 각자의 주장이 뚜렷하고 강하다. 개성이 인정되지 않을 때 사랑의 문은 점점 닫히게 되고 불행의 문이 열리기 시작한다. 서로를 이해하기보다는 상대방이 먼저 변화하기를 바란다. 자신의 인생이 행이냐 불행이냐는 소유의 문제가 아니라 지혜의 문제다. 아내는 남편의 안식처가 되고, 남편은 아내의 지팡이가 될 때 비로소 가정은 평화의 공간이 된다.

우리 부부는 의견 충돌이 있을 때 그날 해 떨어지기 전에 푼다는 소신을 지키며 산다. 비싼 눈물의 대가를 지불하고 배운 교훈이다.

둘 다 첫 결혼에 실패한 후에 만났기에 '사람은 행복하기로 마음먹은 만큼 행복해진다'는 링컨의 말처럼 우리 기준에 맞추며 각자의 공간을 두고 이해와 사랑으로 살아가고 있다.

얼마 동안은 많이 힘들었다. 특히 재혼가정이 겪는 문제는 초혼가정에 비해 여러 요인이 복잡하게 얽혀있기에 더 많은 인내와 신뢰가 필요하다. 서로 많은 노력을 해야 한다. 의견이 다르면 왜 그런지 상대방의 입장에서 생각해 보았다. 내 편견을 버리기 위해 많은 대화를 나누었다. 이젠 한 마음이 되어 사랑으로 에너지를 창출해내고 있다.

헤어지기 전에는 누구나 그 후의 아픔을 생각할 겨를이 없다. 환경이 바뀌고 나면 달라지지 않을까 쉽게 생각하지만 그것 또한 이기적인 생각일 수도 있다. 최후의 선택은 당사자들만이 할 수 있지만 기분에 따라 쉽게 결정할 일은 아니다. 막상 실행에 옮기게 되면 후회를 더 많이 하게 되기 때문이다. 그렇다고 나의 생각을 무리하게 전하고 싶진 않다. 그들만의 생각과 목표가 있기에 불안한 마음으로 지켜볼 뿐이다. 다만 지금의 아픔을 잘 치유할 수 있다면 새로 출발하는 용기로 잘 극복하기를 권하고 싶다. 내가 겪은 바에 따르면 이별은 불확실성의 시작이요, 너무도 큰 상처로 남기 때문이다.

미국 속담에 부부생활에는 다섯 마리의 곰(five bear)이 있어야 한다는 말이 있다. 즉 곰 한 마리 'a bear(참는다는 뜻이며)'와 'for bear(역시 참는다는 뜻으로 곰 네 마리 곧 four bear와 발음이 같다)'가 합쳐 곰 다섯 마리를 가리킨다. 부부 생활은 참고 또 참는 길만이 최선이란 의미다. 인내는 잘못을 참고 그냥 지나가는 것이 아니라 사랑으로 깨닫게 하고 용서와 화해를 미루지 않게 하는 용기를 주는 행위다.

천천히 걸어도, 빨리 달려도 우리에게 주어진 시간은 오직 한 세상이다. 지난날을 돌이키며 후회하기보다는 남은 날을 아름답게 가꾸는 삶의 지혜를 찾고 사는 것이 옳을 일이다. 하지만 그 진리를 위해 나는 오늘도 헤매고 있다.

씨를 뿌린 사람들

여행은 언제나 즐겁다. 매번 여행할 때마다 새로운 것을 접하고 배우면서 영혼을 풍성하게 한다. 출발하기 전 미지에 대한 여행의 긴장감과 흥분이 마음을 들뜨게 하고 설레는 꿈을 만들어 주어 좋다.

보스턴(Boston)에 도착했다. 보스턴에서 72miles, 한 시간 조금 넘게 운전을 해 인디언 추장의 이름에서 유래되었다는 하이애니스(Hyannis, Cape Cod) 항구 마을에 도착했다. 미국의 35대 대통령 케네디(Kennedy) 가족들의 저택이 있고, 요트 타기로 적당한 아름다운 연안이 있어, 여름철에는 이곳 해변을 찾는 관광객들이 많은 곳이다.

우리는 하이애니스 마을에서 출발, Cape Cod의 북쪽 해변 연안을 따라 올라갔다. 한 시간쯤 달려가 Cape의 낚싯바늘 모양 끝에 있는 Provincetown 마을에 도착했다.

아름다운 등대와 조개껍데기로 뒤덮인 모래언덕이 펼쳐져 있었다. 대서양을 바라보는 언덕 위에 크고 작은 별장들이 한 폭의 그림같이 정겹게 보였다. 시시각각으로 변하는 아름다운 경치를 보며 해변을 달렸다. 막힘없이 탁 트인 대서양을 보니 가슴까지 시원했다.

이곳은 1620년, 영국에서 청교도(Pilgrim) 102명이 종교 핍박을 피해 신천지를 찾아, 메이훌라워(Mayflower) 배를 타고 바람에 의지한 채 험한 파도를 넘어 두 달 동안 항해 끝에 도착한 곳이다. 영국 왕이 허락한 최초의 땅은 버지니아였지만, 풍랑을 만나 이곳에 도착한 것이다. 항해 중 식량이 떨어졌고, 빗물을 받아서 식수로 썼다고 했다. 11월에 도착한 청교도들은 추위에 떨며 고생을 하다, 40명이 넘는 사람들이 굶주림과 병고로 첫 겨울을 넘기지 못하고 사망하였다고 기록되어 있다. 그들은 인디언들이 땅속에 숨겨둔 옥수수를 찾아 4개월 동안 연명하였으며 다음해 봄인 1621년, 물을 찾아 90miles 떨어진 플리머스(Plymouth)라는 고장으로 옮겨 정착했다고 한다. 온갖 고통을 감내하며 이민의 씨를 뿌려 오늘의 미국을 세운 사람들이다.

주변을 감싸던 안개가 걷히고 따뜻하고 부드러운 바람이 불어 나뭇잎이 손사래를 쳤다. 구불구불 산모퉁이를 돌아 대서양을 바라볼 수가 있는 모래언덕으로 올랐다. 끝없이 넓게 펼쳐진 대서양이 한눈에 들어왔다. 밀려온 파도가 바위 사이로 부서져 만든 포말이 아름다운 무지개 색깔로 변하여 파란 하늘과 조화를 이뤄 곱게 보였다. 바다 냄새가 코끝으로 파고들었다. 파도를 타고 갈매기 울음소리를 들으며 나는 바다를 향해 두 팔을 내뻗고 눈을 감았다. 세월이 가면서 잊어가고 있는 역사의 현장이 눈앞에 펼쳐졌다. 바람소리와 함께 모래언덕을 달리던 청교도들의 환호소리가 들리는 것 같았다. 영화 필름처럼 내 마음도 4백 년 전 17세기로 돌아갔다. 바람에 의존하여 두 달 동안 굶주림, 병고와 풍랑과 싸우며 눈물과 기도밖에 할 수 없었던 청교도가 되어본다. 신대륙을 발견하고 환희에 찼을 그들 마음을 상상하며 대서양을 마음껏 포효했다. 미국 이민이 시작된 역사적인 모래사장에 서 있다는 것만으로도 마치 내가 그날의 주인공이 된 것처럼 엄숙해졌다. 이 장엄하고 숭고한 마음, 그 모래언덕길을 걸어보지 않고 어떻게 그들의 마음을 짐작할 수 있겠는가? 세월이 고스란히 내려앉은 바닷가에 갈매기들의 울음소리가 하얀 뭉게구름 속으로 비상을 했다.

하이애니스 고장에서 70miles 북쪽으로 자리를 잡은 플리머스 마을에 도착했다. 미국 이민 첫 역사가 시작된 것이다. 원주민인 인디언들은 청교도들의 은인이었다. 플리머스에 정착한 청교도들에게 각종 식량과 가죽 등 입을 것을 갖다 주며 온정과 구원의 손길을 폈다. 옥수수를 재배하는 법과 칠면조 양육하는 법도 가르쳐, 첫 수확을 하고 청교도인들과 인디언들이 함께 감사예배를 드린 것이 추수감사절이 시작된 동기라고 한다. 바닷가에는 청교도들이 탄 배에서 내려 처음으로 밟았다는 커다란 화강암 바위(Plymouth Rock)에 1620년이라는 숫자가 새겨져 있었고 1957년 메이훌라워는 역사의 한 부분으로 보전되어 있었다.

한국 이민을 생각해 보았다. 고종황제가 노동이민을 허락하여 한인 노동자들의 이민이 시작되었다. 하와이로 가는 미국 태평양 횡단기선 갤릭호(S.S. Gallic)를 타고 102명이 사탕수수 농장에서 일하기 위하여 1903년 1월 13일 호놀룰루에 도착했다.

한국에서 최초로 이민 온 사람들 수가 공교롭게도 청교도들과 같은 102명이다. 청교도들은 4백년 전에 대서양을 넘어 미국 동쪽으로, 한국인은 100년 전 태평양을 건너 미국 서쪽 하와이로 같은 숫자가 왔다니 참 묘한 기분이 든다. 구한말 농민들은 가뭄과 굶주림을 피해서 미국 하와이 사탕수수농장으로 1902년부터 1905년까지 7,400명이나 이주를 했다. 고향을 등지고 믿음과 꿈을 찾아 힘든 일을 마다하지 않고 하와이 땅을 밟은 그들이 한국인의 이민 뿌리다.

하이애니스에서 돌아오면서, 나는 구약성경에 나오는 지도자인 모세를 생각했다. 몇 년 전에 요르단을 방문했을 때 가보았던 느보 산(Mt. Nebo)에 있던 모세의 교회가 생각났다. 시대와 배경은 달라도, 청교도들과 모세의 목적은 하나의 공통점이 있다는 생각이 든다. 이집트를 탈출하여 젖과 꿀이 흐르는 땅을 찾아 40년간 사막을 건너온 모세의 정신으로 건국된 이스라엘 민족과 타락한 구대륙 유럽을 떠나 신대륙에서 신천지를 건설하려 했던 청교도들의 공통된 이념은 종교의 자유에 대한 믿음과 소망으로 큰 모험을 감행할 수 있었다는 생각이 들기 때문이다.

사람이든 국가든 발전을 하려면 뚜렷한 목표가 있고 그것을 얻기 위해서는 무엇보다 무한한 노력과 투쟁이 있어야 한다. 성공한 사람들은 목적을 위해서라면 악조건 속에서도 목표를 향하여 어떠한 고통도 극복하며 감수했다는 것이 공통점인 것 같다. 흘러간 역사가 그것을 증명하는 것 같다. 모세나 청교도와 같이 자신의 삶을 주도하는 사람들이 성공할 수 있다. 끝을 생각하며 시작하고 미래를 보는 눈도 있어야 가능한 일이다.

이번 여행은 많은 것을 생각게 하는 좋은 기회였던 것 같다. 삶의 빨간불이 켜졌다고 해도, 꾸준히 인내하고 노력하면 언젠가는 종점에 도달할 수 있는 파란불이 켜진다는 평범한 진리를 배운 여행이었다. 입가에 미소가 저절로 배어난다. 여행은 또 다른 세계를 향한 즐거운 도전이다.

애향(愛鄕)

화창한 목요일이다. 시니어 음악교실에 가기 위해 바쁜 걸음으로 집을 나선다. 봄학기, 개강 첫 시간이니 많은 분이 오실 것으로 예상한다. 외로운 마음들이 함께 모여 즐겁게 노래하고 손뼉을 치며 동심으로 돌아가는 시간이다.

워싱턴주 밴쿠버 시니어센터는 60이 넘으신 분이면 누구나 환영하고 있다. 요즈음은 홍보가 잘 되어, 강 건너 포틀랜드에서도 많이 참석하여 시니어 학생들로 교실은 가득하다. 내가 하는 일은 시니어교실을 진행하고 때로는 노래도 함께 부른다. 노래할 때 학생들의 얼굴은 아이처럼 순진하고 행복해 보인다. 더욱이 동요를 부를 때는 마치 옛날로 돌아간 듯 생기가 돌고 즐거워하신다. 많은 추억이 담긴 동요 속으로 돌아가고 싶은 얼굴들을 읽을 수 있다.

두 시간 정도 노래와 초빙강사의 말씀을 듣고 나면 곧 점심 시간이 된다. 사랑으로 봉사하신 분들이 정성껏 준비한 다양한 음식과 맛있는 후식이 시니어 학생들을 기다린다. 기쁜 마음으로 노래하고, 맛있는 음식을 대접받는 얼굴은 기쁨으로 가득해 천국이 따로 없는 것 같다. 음식은 단순한 것 같지만 서로 나눌 때 정을 느끼게 하고 넉넉함을 전하는 인간 교류의 매개체인 것 같다. 그 때문인지 정이 그리운 시니어들은 여름, 겨울방학을 싫어하고 개학을 기다린다. 그들과 함께 보내는 시간이 나는 항상 기쁘다. 음악 시간을 기다리고 즐거워하시는 얼굴들을 보면 없던 힘도 절로 난다. 한 분 한 분 모두 귀하신 분들이기에 더 열심히 섬겨야 한다는 책임감을 느낀다.

오랜만에 반가운 얼굴을 만나니 새로운 이야기가 많다. 이북에서 월남하신 장로님 한 분과 말씀을 나누었다. 몇 년 전에 심장수술을 하신 분이다. '세월 따라 실속 없는 연륜만 쌓여 이마가 천장에 닿는 심정으로 사신다'는 분. 교통사고로 부모를 잃은 두 손자와 함께 사시는 장로님은 막내 손자가 내년이면 대학을 졸업한다. 부모도 없는 두 손자를 데리고 얼마나 많은 아픔을 겪으며 사셨을까? 고향인 평양을 버리고 타향살이 반세기를 훌쩍 넘기신 장로님. 이젠 어깨에 짊어진 짐을 내려놓을 때가 됐다. 한강과 낙동강이 흐르는 사람 사는 냄새가 짙은 조국으로 돌아가는 것이 꿈이라고 말씀하신다. 빗장을 걸어놓은 삼팔선 너머 고향은 못 가도 한국에서 하나님의 부르심을 받고 싶다고 했다. 옛날의 가난한 시절도 이젠 아름답고 그립게 느껴진다고 하신다. 그리움의 종착역은 역시 고향인가 보다. 잃어버린 세월을 향한 그분의 아픔. 부러진 나침반의 바늘을 따라 그 옛날 고향을 그려보는 얼룩진 얼굴이지만 눈빛은 백열등처럼 빛나 보였다. 깊게 파인 주름살처럼 시간에 대한 추억의 그리움이 절실한 그분의 마음이 볼수록 애처롭다.

청년을 인생의 아침으로 표현한다면 노년은 인생의 저녁과 같다. 아침도 중요하지만, 저녁은 더 소중하다고 말씀하시는 그분. 가야할 때가 언제인가를 분명히 알고 있는 그분의 뒷모습은 일몰을 바라보는 슬픔보다 찬란하게 작열하는 석양의 장관같이 아름답게 느껴졌다. 아무리 시대가 변해도 사람은 고향에 대한 애착을 지니고 산다. 시간은 흘러가고 기억은 쌓인다. 시간에 대한 추억이 그리움으로 가슴과 눈빛에 맺힌 장로님. 그리움의 종착역이 된 포근한 고향을 그리는 그분에게서 지는 붉은 노을을 보았다. 들로 산으로, 강으로 바다로 숨을 쉬던 어린 시절을 그리는 장로님. 아름다웠던 청춘을 이 땅의 주인이 되기 위해 꿀벌처럼 열심히 노력하신 삶. 아름다운 단풍의 계절을 지나 쓸쓸한 겨울의 길목 앞에서 건너온 세월을 뒤돌아보시는 장로님.

다 지나간 아름다운 그림이다.

자의든 타의든 뿌리 뽑힘을 당한 이민자들은 행동과 개념을 공감할 수가 있는 고향을 늘 그리며 산다. 이민생활의 삶은 절대로 평범하지 않은 순간순간의 연속이다. 우리는 매일 매일, 매시간 선택을 하면서 살고 있다. 고국에 살든, 이민을 왔든, 각자 자기 삶에 충실하고 만족하면 되지 않을까? 모두 걸어온 길이 다른 것과 같이, 인생을 보는 관점이 달라서 인생에 정답은 있을 수 없다. 그러나 작은 물방울 하나가 냇물과 강물이 되듯이 이민자의 마음에 한 점의 작은 사랑은 시린 가슴으로 녹아들어 활활 가슴을 지핀다. 원초적인 고향을 완전히 지울 수가 없기에 우리는 오늘도 노래를 타고 태평양을 건너가 잊혀가는 산천을 그린다.

음악 시간을 끝내고 나오니 눈이 부시다. 밝은 태양이 내려와 꽃과 푸른 초목을 태운다. 부서지지 않은 하늘이 한마당에 파랗게 모여 있다. 여름이 오고 있다. 언제부터인가 익숙해져버린 쓸쓸함. 지치고 힘이 들어 가끔 기대고 싶어질 때 그러나 아직도 그런 쉼터를 마련하지 못해 가슴이 아려 온다.

맨발로 황톳길 걷던 고국의 품에 비석만은 모국어로 쓰고 싶다고 하신 그분의 바람처럼 잃어버린 고향으로 나도 달리고 싶어진다. 나그네 손을 잡아줄 수 있는 하얀 숨결이 숨 쉬는 시니어. 우리는 그리운 고향을 찾아 하늘을 날고 있다. 몇 시간이면 날아갈 수 있는 한국인데 오늘따라 왜 고향은 이리 멀고 또 먼 곳으로 느껴지는 것일까? 텅 빈 주차장 하늘에 맑은 구름이 지나간다. 어서 따라 오라고 손짓을 하는 것 같다.

3.

아름다운 세상

아름다운 세상

크리스마스가 가까워져 온다. 그동안 함께했던 많은 분과 지인들에게 고마움을 표시해야 한다. 사랑과 정성이 담긴 작은 선물이라도 해야겠다는 생각에 비가 오는 거리로 나왔다. 모두 분주해 보인다. 상점들은 오색 형광등으로 장식되어있고, 크리스마스의 멜로디가 귀를 즐겁게 해준다. 축제기분으로 들떠있는 거리, 사람들의 얼굴이 환하고 행복해 보인다. 오늘은 기쁜 일이 일어날 것 같은 기대감에 마음이 즐겁고 흥이 난다.

한 사람 한 사람의 얼굴을 그리며 그 사람에게 적당한 선물을 고른다. 집에서 생각하고 나오기는 했지만, 막상 나와 보니 쇼핑센터마다 많은 물건이 반값으로 손님들을 유혹한다. 충동구매하기 아주 적당하다. 크리스마스의 들뜬 기분으로 물건을 이것저것 들여다보며 백화점을 오르내리는 즐거움에 힘든 줄도 모른다.

갈증이 났다. 생주스 코너로 달려가 줄을 섰다. 즉석에서 갈아주는 시원해 보이고 향기가 새콤하게 나는 오렌지주스를 주문했다. 8불 50전. 신용카드를 내밀었다. 작은 상점이기에 10불 미만은 신용카드를 안 받는다고 한다. 현찰은 모두 써버렸기에 난감한 순간이다. 뒷사람이 주문하도록 옆으로 비켜서서 가방을 뒤졌다. 작은 지갑에 있는 동전도 헤아려 보았지만, 돈이 모자랐다. 몹시 당황스럽다. 어디에 있는지 알 수는 없지만. 은행에서 돈을 찾아야겠다고 생각했다. 그 순간 아가씨가 오렌지주스를 건네준다. 의아한 눈으로 쳐다보는 나에게 내 뒷사람이 주문하면서 내 주스 값을 냈다고 한다. 돌아보니 키가 크고 잘생긴 중년의 남자가 웃고 있다. 많은 돈은 아니지만 그렇다고 적은 돈도 아닌데, 고맙다고 인사를 나누며 쇼핑몰 안에 있는 은행에서 돈을 찾아드리겠다고 했다. 그는 고개를 흔들며 "Merry Christmas." 하며 웃는 얼굴로 자리를 떴다.

순식간에 일어난 일이라 어리둥절해 그분에게 제대로 고맙다는 인사도 못하고 말았다. 그분이 떠나고 난 후에 마신 주스 맛은 여태껏 마셔본 중에 가장 달콤하고, 시원한 최고의 오렌지주스였다. 신선한 과일 향기와 훈훈한 온정이 담긴 주스라 맛도 두 배였나 보다. 요즈음처럼 메마르고 각박한 세태에 꽃보다 아름다운 마음이 있다는 건 매우 기쁜 일이다. 감동에 젖은 내 마음은 나이를 잊고, 풍선처럼 자유롭게 하늘을 날았다. 세상은 보면 볼수록 참으로 아름답다. 따뜻한 마음과 밝은 웃음을 주는 사람들이 있기에 내 입가에 미소가 저절로 난다. 이토록 아름다운 세상에 태어난 것은 큰 축복이다. 작은 것이라도 주고받는 온정이 행복지수를 높여주는 사회, 사람 냄새가 물씬 나는 세상이 나는 좋다.

받는 것보다 주는 일이 얼마나 기쁘던가! 지금까지 살아오면서 부모에게 받고, 선생님에게 받고, 형제, 친구에게 받은 것이 내가 나누어 준 것보다 훨씬 많다는 생각이 든다. 주지 않고 받기만 한다면 크리스마스 이야기에 나오는 스크루지와 무엇이 다른가? 이제부터는 주는 사람으로 살아야겠다. 주고받는 것은 물건뿐만 아니다. 포근한 눈빛도 따뜻한 마음도 있다.

이번 크리스마스엔 작은 선물이라도 내가 아는 모든 분들과 함께 나누고 싶어 다시 백화점으로 들어가 양말과 장갑을 샀다. 우편물을 전해주는 아저씨와 쓰레기를 치우는 아저씨에게 마음을 담은 선물로 주고 싶다. 신문 배달하는 학생에게는 따뜻한 목도리를 건네고 싶다. 나도 행동으로 실천하는 사람이 되고 싶다. 내가 선물로 받은 작은 주스 한 잔이 울림의 메아리가 되어 내 가슴을 움직이게 했다. 그 고마움이 오랫동안 긴 여운으로 이어질 것 같다.

몇 달 전에 있었던 일이다. 남편과 함께 시내에 있는 공인회계사를 만나러 갔다. 도로 주차장에 차를 세우고, 미터기에 필요한 시간만큼 동전을 넣고 일을 마치고 돌아왔다. 때마침 순찰하던 순경이 주차 미터를 조사하며, 시간이 초과된 차에 벌금을 부여하고 있었다. 남편은 우리 옆에 주차한 차가 시간이 지난 것을 보고 동전을 꺼내 옆 차의 메타기에 시간을 연장해 주었다. 작은 일이지만 남의 일에 관심을 두고 벌금을 물지 않게 해주는 남편의 자상하고 따뜻한 마음이 오랫동안 나의 입가에 웃음을 머금게 해주었다.

언제부턴가 사람을 처음 만날 때 겉모양보다는 내적인 인품을 보게 되었다. 주변에 다른 사람을 배려하는 아름다운 모습들이 눈에 들어왔다. 그래서 그런지 예전에 접하지 못했던 또 다른 풍성한 삶의 분위기를 접하게 됐다. 소금 3퍼센트가 바닷물을 썩지 않게 하듯이 우리 마음 안에 있는 3퍼센트의 고운 마음씨가 나와 이웃의 삶을 풍요하게 만든다는 사실을 알게 되었다.

누구나 선물을 받고 나면 즐겁고 행복해진다. 'Pay it forward'라는 말이 있다. 어떤 도움을 받았을 때 감사한 마음을 다른 사람에게 지급한다는 뜻이다. 이런 선행이 다단계식으로 전달된다면 행복 바이러스가 세상에 넘칠 것이고, 우리가 사는 세상은 아름다운 낙원이 될 줄로 믿는다.

또 한 해가 지나간다. 내 남은 삶이 얼마일지 몰라도 누구든지 나를 만난 사람은 즐겁고 행복하게 해주고 싶다. 그래야 나도 성숙한 삶을 살 수 있지 않을까 싶어서다. 금방 비가 올 것 같은 잿빛 하늘도 오늘은 밝아 보인다. 비가 내려도 좋다. 풍족한 느낌으로 가슴을 채운 오늘은 복되고 값진 하루였다. 잊고 살았던 내면의 세계를 들춰내는 계기가 되었기 때문이다. 내 마음속에 갇혀있던 맑은 영혼의 무지개가 아름답게 피어오르는 하루였다.

버리고 싶지 않은 유산

얼마 전 한국에 다녀온 적이 있다. 지하철이 잘 되어있어 자주 이용했다. 매번 느끼는 일이었지만 지하철을 탄 사람 대부분이 스마트 폰에 빠져있었다. 몇몇 사람들은 피곤한지 잠시 눈을 감고 있었고 책을 보는 사람은 눈을 씻고 봐도 없었다. 이동통신의 꽃이라고 불리는 휴대전화기. 다능한 칩과 메모리 반도체 분야 최고의 우리나라 기술로 천연색 화면은 물론 방송, 사진까지 보고 즐기는 정보시대의 생활 단면을 본 것 같다.

오늘날 현대인의 삶은 한마디로 초고속시대에 살고 있다. 우리가 사용하는 모든 것들이 특히 시중에 나와 팔리는 전자제품들의 수명이 짧아지고 있다. 몇 년 전에 구입한 텔레비전도 지금은 구식이 되어버렸다. 아직도 쓸만한 것이 애물단지가 되어

버리니 보기에 안쓰럽고 곤혹스럽다. 새로운 음악도 하루가 멀게 탄생하여 우리의 귀를 즐겁게 해주고 있다. 사람들은 헌것을 아낌없이 버리고 새것이 나오면 새벽부터 줄을 서서 남보다 먼저 새 물품을 가져야 우월하고 행복하다고 생각을 한다. 유행에 첨단을 따라 입고, 쓰고, 신고, 마시며 생활한다.

헌것은 무엇이며 새것은 무엇인가? 자주 쓰지 않는 것은 낡은 것이고 새로 만들어진 것을 애용하는 것이 최신식인가? 낡은 것은 과감하게 버리고 새롭게 얻는 정보를 통하여 빠른 의사 결정을 하며 즐기는 것이 현대인이 되는 지름길인가? 의복도 철마다, 유행을 따라 민감하게 변하고 모든 것들이 대량생산과 대량소비로 구매되고 소화된다. 개인이 만든 수예품이나 재봉기술로 만들어진 옷들은 특수층에게서만 소화할 수 있는 고가의 진품으로 판매된다. 옛날에 보던 양복점이나 양장점은 무성영화 속에서나 찾을 수 있게 되었다.

모든 것이 급속도로 변해가는 생활 속에 지인의 초대로 우연히 경기도 파주 헤이리 예술마을에 있는 옹기박물관을 간 적이 있다. 미국에 살고 있는 나에게는 새롭게 보는 진귀한 전시관이었다. 20여 년간 수집해온 옹기와 장독대를 보는 순간 타임머신을 타고 옛날로 돌아간 기분이 들었다. 까맣게 잊고 있던 엄마의 젖가슴을 보듯 푸근한 향수가 온몸으로 솟구치고 있었다.

농경시대를 지나 산업시대로 생활문화가 바뀌고 점점 우리에게서 멀어져간 항아리. 어떻게 항아리 속에 담긴 그 많은 사연을 말로 할 수 있을까? 그 속에는 한국의 여인의 희비애락의 삶이 있다.

나 또한 빈 항아리 속에서 지금은 먼 별나라에 있는, 술래잡기하던 내 동생의 얼굴과 나의 어리고 고왔던 시절을 보았다. 놓치고 싶지 않고 말로 표현할 수 없는 너무나 귀한 순간순간의 추억들이 항아리 속에서 풍겨 나왔다.

민족적이고, 전통적이며 토속적인 정서가 듬뿍 담긴 항아리. 된장, 간장, 고추장 그리고 땅을 파고 묻었던 김장 김치 항아리. 한 포기 한 포기 차곡차곡 넣던 엄마의 손맛으로 만들어진 사랑의 음식이 채워지던 항아리. 물이 가득한 항아리 속에 고여 있는 달을 보며 꿈을 그리던 어린 학창 시절이 떠올랐다.

아침이면 참새들 모여 노래하며 세수하던 빗물이 담긴 항아리 뚜껑. 끊어졌던 필름이 연결되듯이 생각만 해도 가슴이 저린 정겨운 그 시절의 추억이 항아리 속에서 숨 쉬고 있었다. 그리운 가족의 얼굴이 있는 장독대. 그곳에는 고향이 있었고 눈시울이 뜨거워지는 끈끈한 정과 그리움을 가슴으로 삭이는 꺼지지 않는 불꽃이 있었다.

오래된 낡은 물품이나 전통이라도 버리고 싶지 않은 유산이 있다. 헌것은 무조건 고루하고 새로운 양식은 무조건 고귀한 것은 아니다. 헌것이라도 간직하고 싶은 것이 있고 소중하게 남기고 싶은 유물이 있다. 포도주와 친구는 오래될수록 좋은 것이고 예술가의 예술품과 유명한 작가의 소설과 시인의 글도 있다. 그 중에 하나, 우리 조상의 슬기와 지혜가 고스란히 담긴 옹기. 나와 함께 생활해온 아름다운 추억과 그리움이 담긴 소중한 항아리 속에서 잊혀져가는 나의 뿌리를 찾고 싶다.

어머니의 삶

어머니가 아버지를 만나지 않았다면, 지금 어떤 삶을 살았을까? 우리 형제도 존재하지 않았을 터이고, 지금 누리는 행복도 나와는 먼 이야기일지도 모른다. 우리 집은 경제적으로 풍족한 생활을 누렸지만, 아버지와 어머니의 부부생활은 그리 행복하지 않았던 것 같다. 옛날 전통처럼 두 분은 결혼했고, 우리가 태어나서 그냥 사신 것 같다. 아버지는 엄격했고, 어머니는 감수성이 예민하신 분이기에 기름과 물처럼 융화될 수가 없었다.

가족 사이에 오고 가는 따뜻한 정을 느끼지 못했던 것 같다. 어머니는 항상 마음의 갈등을 느끼며 사셨다. 돌이켜 보면 미안한 생각이 들기도 한다.

어렸을 때 나는 능력 있고, 권력 있는 아버지를 존경했다. 남들은 보리밥 먹을 때, 쌀밥으로 풍성한 식탁과 용돈을 넉넉히 주시는 아버지가 늘 좋았다. 대부분의 자녀가 그러하듯 아버지는 남자에 대한 나의 첫 본보기였다. 그때 당시 사회 풍토로 많은 남자가 두 집 살림을 했지만 아버지는 여자 문제로 어머니를 괴롭히지는 않았다. 이모들과 대화 속에서 아버지에 대한 어머니의 불만을 나는 가끔 들었다. 그런 어머니를 이해하기가 힘들었고, 때로는 어머니를 미워하는 마음이 들기도 했다. 두 분 다 최고학부를 나온 분들이지만 코드가 맞지 않은 부부생활을 했다. 그래서 어머니는 늘 쓸쓸해 하시고 외로워 보였다.

어머니의 새로운 삶은 하와이에서부터 시작되었다. 방문 비자로 오신 뒤 전에 신청한 이민 비자가 나와 하와이에 살게 되셨다. 아버지를 고국에 두고 선택한 어머니의 결심에 온 가족의 놀라움은 컸다. 우리 집에서 잠시 머문 뒤 아파트로 이사를 했고, 유창한 일본말 덕택으로 직장도 손쉽게 구했다. 일본 백화점에서 일하게 되었으니 건강보험과 생활비는 걱정하지 말라고 나를 안심시켰다. 그날 이후 어머니는 또 다른 삶의 시나리오를 쓰기 시작했다.

내가 결혼을 하고 부부애(夫婦愛)가 무엇인지 조금은 알게 되었다. 경제적으로 부유하면 편안한 집에서 살 수는 있지만, 행복까지 함께 살 수 없다는 진실을 알았다. 사람들은 만남을 운명이라고 말한다. 누구를 만나느냐에 따라 인생이 좌우되며 행복과 불행이 시작된다. 일생에 한 사람의 배우자를 만나고 헤어지는 것은 천운(天運)이라 한다. 서로 마음이 맞지 않고 억지로 함께 산다는 것은 천운이 아니고 악운(惡運)일 것이다. 인생은 씨줄과 날줄로 짜인 옷감 같은 것이다. 운명은 어떻게 생각하고 행동하느냐에 따라 바뀔 수 있다. 타고난 숙명을 씨줄이라 한다면 날줄은 계획과 의지로 선택한 길이기 때문이다.

숙명적인 삶을 사신 어머니가 요즈음 많이 편찮으시다. 황혼의 끝자락에 서 있다. 졸수연(卒壽宴)을 넘긴 얼굴은 주름투성이다. 늙는다는 것은 몸의 기능이 떨어져 힘없이 석양으로 걸어가는 것이 아닌지 싶다. 어머니가 아버지와 서로 상처를 주고받으며 살았던 지난날을 떠올려본다. 결코 행복했던 삶은 아니었다고 느껴진다. 불행의 원인은 자신들의 몫이다. 서로 감싸고 받아들이고, 안아줄 수가 없었던 걸까? 인연을 악연으로 남긴 결과는 무엇이었을까? 생의 끝자락에 외롭게 서 있는 모습이 애처롭다.

개성이 너무 강한 두 사람의 관계. 누구 하나 위로해 주지 못한 무거운 삶이 원망스럽기도 하다. 나는 아버지의 어깨를 단 한 번이라도 따뜻하게 안아준 적이 없다. 젊어서는 살기에 바빠 주위를 잊고 살았다. 돌아가시기 전에 아버지와 많은 대화를 나누지 못했기에 아버지의 감정을 알 수 없는 것이 유감으로 남는다. 아버지도 어머니처럼 결혼생활이 불행하다고 생각하면서 사셨을까? 혼자 쓸쓸히 인생을 마감한 아버지의 마음을 들여다 본다. 생전에 백두산 호랑이라는 별명을 가졌던 아버지. 당당하던 패기는 다 사라지고 외로운 노년을 보내신 아버지는 자기 삶의 모순을 씻기 위한 시간이 필요했을 것 같다. 세월이 흘러야 비로소 이해되는 인생의 길을 아버지는 슬퍼하지 않고 홀로 떠나셨을지 마음이 답답하다.

아무리 닦아도 지워지지 않는 얼굴이 가족이다. 가족은 사랑이요 아픔이다. 어머니와 아버지가 저승에서 다시 만나게 된다면, 평생 고마웠던 일만 생각하고 따뜻하게 서로 보듬어주며 이해하신다면 얼마나 좋을까? 용서는 스스로 짐을 내려놓은 것처럼 낙조를 걷고 있는 어머니가 자유로워졌으면 좋겠다. 하늘에 사는 내 동생도 함께 손을 잡겠지! 손을 잡으면 마음마저 따뜻해지겠지. 바라보기만 해도 가슴 타는 열정으로 우리 가족 모두 따뜻하게 안아보고 싶다.

비가 바람을 몰고 온다. 비와 바람은 연인 사이인가 보다. 바람 속에 환한 모습으로 웃으시는 아버지, 어머니 그리고 동생의 얼굴이 화려한 황금빛으로 내 방안에 가득 채워진다. 어릴 때 찍은 가족사진처럼 모두 환히 웃고 있다. 즐거운 순간들이다. 타는 듯한 갈증이 뜨거운 눈물로 파고든다. 손댈 수 없는 아픈 상처로 핀 그리움. 온몸을 떨게 하는 전율이 가슴을 후비는 그리운 밤. 온 가족이 함께 모여 이야기꽃을 피우는 꿈에 잠긴다.

요지경 세상

세상이 어떻게 돌아가는지 정신을 차릴 수가 없다. 어떤 것이 양심적이고 어떤 것이 나쁜 것인지 분간을 할 수 없이 하루가 다르게 돌아간다. 학교에서 배웠던 도덕도 허물어지고, 다수가결로 투표하며 결정하던 질서도 허물어진 지가 오래다.

대낮 백주대로에서 버젓이 남남(男男), 여여(女女)가 끌어안고 키스를 하는 것을 본다. 이것은 진풍경이 아니다. 미국 전국 32개 주에서 동성 결혼이 주민투표로 법원에 합법화되어 그들의 행동은 정당화되었고 동성연애를 이해 못하는 사람은 시대에 뒤떨어진 세대로 취급받는다. 내가 사는 워싱턴주 시애틀의 시장, 에드 머리(Ed Murray)는 동성연애자로 마이클 시오사키(Michael Shiosaki)라는 애인이 있다. 지난해 동성결혼법이 통과되자 시장 머리는 애인과 결혼을 했다. 자신이 동성연애자(Gay)라고 자랑한 백만장자 애플 전자회사 사장인 팀 쿡(Tim Cook)을 빌 클린턴 전 대통령은 용기 있는 지식인이라는 찬사를 보냈다.

그는 미 전국의 많은 사람으로부터 환영을 받았고 사회적 큰 뉴스거리로 등장하였다. 이처럼 동성연애자들의 목소리는 점점 커지고 반대하는 목소리는 점점 작아지고 있다.

의사 처방에 따라 약용으로만 쓰이던 대마초가 주민투표로 합법화 되면서 콜로라도주, 워싱턴주, 오레곤주와 알라스카주에서 팔리고 있다. 판매권만 있으면 돈을 버는 것은 따 놓은 당상이기에 상인들은 벌떼같이 모여들었다. 허가권을 받는 것은 하늘에 별따기처럼 힘들고 어렵지만, 누구나 침을 흘리는 장사이다. 미국사회가 대마초는 마약이 아닌 기호식품으로 인식하고 있다. 하기야 오바마 대통령도 대마초를 즐겼고, 그런 사실을 발언해도 대통령으로 당선되는 사회다. 돈만 있으면 누구든지 대마초를 살 수 있다. 대마초는 상황을 극대화하는 기능이 있다. 시각(視覺), 청각(聽覺), 미각(味覺), 촉각(觸覺) 그리고 후각(嗅覺)인 즉 오감(五感)이 상승하기 때문에 정신적으로 흥분(興奮)의 강도가 높다. 앞으로도 많은 주가 대마초를 합법화할 것이다. 미국 50주 하늘에는 대마초의 연기로 덮여질 날들이 머지않다고 본다. 또한 허가만 받으면 집에서도 손쉽게 재배할 수 있어 장미꽃보다 대마초를 심는 집을 더 쉽게 볼 수 있을 것이다.

개인마다 사고의 기준이 다르지만 무엇이 맞고 무엇이 아닌지 너무 어지러운 세상이다.

텔레비전을 보면 서로 싸우고 거짓말하며 잔인하고 교묘하게 죽이는 장면이 화면을 메운다. 전에는 들어볼 수도 없었던 거친 말이 마구 흘러나온다. 드라마, 영화, 음악 등 방송의 메시지는 시청자에게는 강력한 자극 방식으로 전달된다. 아름답고, 신뢰감 있는 화목한 사랑이 넘치는 정서적인 드라마는 눈을 씻고 찾아도 볼 수가 없다. 어른을 공경하던 시대는 공룡시대의 전설적인 이야기가 되었다. 젊은이들은 부모에 대한 도덕적 가치관의 기준도 없어진 지 오래됐다. 회초리가 불법이 되면서 선생과 제자 사이의 의식도 없어졌고 '너와 나'라는 개인적인 관계가 성립된 사회가 됐다.

그뿐인가, 요즈음은 대다수(majority) 의견보다는 소수(minority)의 의견이 더 존중되는 사회이다. 노후대책이 미국만큼 좋은 나라는 없어서 그런지 수많은 이민자가 미국으로 향한다. 전세계 거의 모든 국가 출신이 모여 산다. 또한 미국은 이민의 국가이기 때문에 이민정책이 가장 중요한 정책 가운데 하나다. 지금 미국은 백인보다는 유색인이 더 많이 증가하기에 소수가 대다수를 지배하며 사회질서도 달라지고 있다. 소수의 사람들이 데모를 한다. 표현, 언론, 종교자유와 무기 소지의 자유, 그리고 집회의 자유 등 시민의 권리를 보호하는 권리 장전(Bill of Rights)을 부르짖고 무신론자(Atheist)는 공공 단체 모임에서 행해지는 '하나님'이란 말을 삭제하라고 한다. 하나님을 부정하는 자들은 과격한 행동을 하고 있다. 미국은 기독교 국가이지만 소수 민족에 의하여 급격한 변화가 일어나고 있다. 무신론자는 어떠한 초자연적인 신성한 존재를 믿지 않는다. 시민자유 연합회는 헌법에 위배된다고 부르짖고 있다. 호텔 방마다 배치되던 성경책이 점점 사라지고 있다. 한 사람의 표가 당락을 좌우하는 전쟁 앞에 정치인들은 그 표를 수용하기 위하여 그들의 말에 귀를 기울인다. 자신의 정당과 자신의 이익을 위하여 세상은 뒤죽박죽이 되고 있다.

동성연애자(Homosexual)가 합법화되었고 앞으로 동성연애자가 관리직에 임명되면, 부인(First Lady) 대신 앞으로는 남자(First Gentlemen)를 대동하여 공식 석상에 등장할 날도 머지않은 것으로 본다. 육상선수, 야구선수 운동선수들은 합법화된 대마초의 힘을 빌려 세계 신기록을 수립하려고 할 것이고, 대통령의 취임선서(Oath of Office)에 성경책 대신 이슬람교의 코란이 등장할 수 있는 날도 올 것이라는 조바심에 떨떠름한 마음이 들기도 한다. 악화(惡貨)가 양화(良貨)를 구축(驅逐)한다는 즉 나쁜 것이 좋은 것을 몰아낸다는 그레샴의 법칙(Gresham's Law)은 경제 실정에서만 쓰여지는 것이 아닌 것 같다.

사람이 느끼는 만족의 진실은 무엇일까? 정을 중요시하는 문화 속에서 인간미의 웃음과 교훈적인 정직함과 같이 어울려 살고 싶은 것은 나 혼자만의 꿈일까? 나 하나만을 위해 사는 세상보다는 역사의 앞뒤를 살펴보며 이웃과 같이 동고동락하며 살고 싶다. 남이 잘되어야 내가 잘된다는 말, 남을 기쁘게 하면 10배의 기쁨이 나에게 돌아온다는 말에서 삶의 진실은 묘연한 것일까?

은파(銀波)의 나들이

짙은 회색빛으로 오락가락하던 비가 멈췄다. 억수같이 쏟아지는 비를 보며 중얼거렸다.

"그래 온종일 내려라. 울고 싶으면 싫건 울고, 내일 올 비까지 모두 뿌려다오."

꽃잎이 바람에 날리고 말라가던 잔디가 쭉 기지개를 켜며 새옷을 갈아입었다. 굵은 빗방울과 먹장구름으로 덮여 있던 하늘은 언제 그랬냐는 듯 반짝 개이고 푸르기만 하다. 개망초꽃이 하얗게 산자락을 장식하고 정원에는 목단꽃이 화려하게 피었다.

장미꽃으로 유명해 '장미의 도시'라는 별명을 지닌 오레곤 포틀랜드의 초여름이 시작되고 있다. 오늘은 시니어교실 학생들과 함께 동물원으로 소풍가는 날이다. 억수같이 쏟아지던 어제의 비는 회색빛의 어둠이 아니라 하나의 빛을 담기 위한 하늘의 그림이었나 보다. 어쩌면 화려한 계절로 가기 위한 축복의 녹우(綠雨)인지도 모른다.

은빛 물결을 가득히 채운 리무진 버스는 하루의 즐거움을 향해 달린다. 누군가의 눈길도 의식하지 않은 몸짓과 신선한 웃음의 물너울이 순식간에 버스 안을 채운다. 미국 와서 이렇게 큰 리무진 버스를 타고 나들이 한 적이 없다고 학생들은 즐거워한다. 소풍을 준비하던 나의 피곤하고 지친 마음이 시니어 학생들의 흥겨움에 눈 녹듯이 사라진다. 가벼운 발걸음으로 그들과 함께 동물원에 들어섰다. 여름을 여는 햇살이 맑고 찬란하다. 우리는 빠른 걸음을 부러워하지 않고 넓은 행동반경을 탐하지 않으며 산과 나무와 동물을 보며 함께 즐긴다.

시니어 학생 중에는 몸이 불편하셔서 휠체어(Wheelchair)를 타신 장로님이 계신다. 이곳에 20여 년을 넘게 사시며 동물원을 지나치기만 했는데 결국 오시게 되셨다고 기뻐하셨다. 어른들은 얼음 위에 떠 있는 북극곰과 수달에 많은 관심을 보이며 즐거워하셨다. 옛날 창경원에서 본 하늘을 올려다보았다. 울타리도 없고 막힘도 걸림도 없는 탁 트인 하늘이다. 가슴이 뛴다. 구름이 그려놓은 동물과 숨바꼭질도 하고, 푸른 입김을 내뿜으며 동심으로 돌아가 파란 하늘에 은빛 물결과 함께 걸어본다.

미세하게 들리는 새 소리에 귀를 기울인다. 유연한 날갯짓에 맞추어 리듬을 타는 청아한 소리가 발걸음을 멈추게 한다. 나는 여태껏 나만을 위해 살아왔다는 것을 느낀다. 열심히 뛰며 일한 것도 모두 남편과 나를 위한 일이었다. 삶을 되돌아볼 만큼 여유를 지닌 지금 무엇인가 다른 삶을 살고 싶다는 생각이 들었다. 남은 시간 다른 사람을 위해 살아야겠다는 생각에 시니어센터 회장직을 맡았다. 작은 단체를 이끌고 나간다는 것은, 전에 하던 나의 정부직에 비교하면 너무 쉬울 것 같이 생각했다. 일 자체가 비교할 수 없는 작은 것으로 생각했다. 그러나 전에 느껴보지 못하였던 부담이 나를 어지럽게 만들었다. 그것은 사무직이 아니라 사랑과 나눔으로 봉사하는 일이기에 많은 인내와 시간적인 희생이 필요했기 때문이다.

일을 하다 보면 두 종류의 사람들을 만나게 된다. 무조건 믿고 밀어주는 사람과 좋은 환경 속에서도 불만과 불평이 있는 사람이다. 공동 단체를 이끌어 나가는 것이 생각보다 힘들다.

특히 각 계층에서 모인 개성이 뚜렷하신 분과 한마음 한뜻이 되고 서로 협조를 하는 것이 힘이 들었다. 웃음으로 서로 격려해주면 큰 능력이 있음에도 불구하고 사람들이 인색하다. 하루하루 많은 도전을 받는다. 더욱이 재정적인 빈곤은 걸림돌이 된다. 봉사와 협조는 자진해서 해야 하는 것인데 내 자존심 다 버리고 봉사와 협조금을 구걸하게 된다. 나라의 도움과 지원이 없기에 여러 사람의 시간적 희생이 요구되고 협조와 봉사가 필요하다. 재정의 나눔, 시간의 나눔과 사랑의 나눔이 가장 필요하다. 나누는 것은 물질적인 것일 수도 있고 배려와 칭찬일 수도 있으며 축복과 사랑일 수도 있다. 나눔이란 강요해서 되는 일이 아니다. 나눔의 기쁨이 없고, 마음의 감동이 없이 하는 일을 하나의 의무에 끝난다. 스스로 하는 일에 피곤이 없고, 이 일이 나의 일이라 생각할 때 넉넉한 마음이 생기고 나눔에 행복이 생긴다. 의무적인 행위는 피곤하고 불평과 불만이 싹튼다. 봉사는 강요해서 되는 것이 아니다. 심호흡을 길게 하고 다시 시작해 본다.

오늘과 같이 시니어 학생들이 행복해하는 모습을 보면 나는 힘든 것을 잊어버리고 기쁨을 느낀다. 나눔이 있을 때 삶의 의미를 준다. 주고 나누는 것이 풍성한 삶의 축복을 가져오게 하는 원천이기 때문이다. 나눔은 자신의 삶뿐 아니라 다른 사람의 삶도 풍성하게 만든다. 새로운 세계를 보는 마음에 눈이 열린다. 생명력은 늘 이렇게 가슴을 뛰게 하는가 보다.

이번 나들이는 아름다운 자연을 주신 하나님의 발자국을 따라 다닌 날이었다. 꽃향기 따라 자라는 풀을 보고, 나뭇가지 끝에 싹을 틔우는 새순을 보며, 바람소리, 나무소리, 새소리를 들었다. 한 분의 낙오(落伍)도 없이 무사히 돌아올 수 있게 우리의 울타리가 되어주신 하나님. 묵언(默言)의 미소로 나눔을 배운 멋진 하루의 여행이었다.

이별은 사랑의 시작

남편의 얼굴에 생기가 돈다. 빛바랜 어머니의 사진을 보는 그의 눈동자는 해맑은 미소로 가득하다. 나에게 어머니 이야기를 들려주는 것이 무척 신명 나는가 보다. 행복을 누리는 오늘의 삶이 오직 어머니의 '덕(德)'이라고 말하는 남편의 마음이 봄 햇살처럼 상큼하다.

남편은 이탈리아 이민자 3세다. 외할머니는 타이타닉을(Titanic 1912년 4월 15일) 타고 오던 중 배가 침몰하는 사고를 당했으나 구사일생으로 살아남은 분이다. 구출 당시 배 난간에 부딪혀 평생 한쪽 다리를 못쓰는 불구로 지내셨다. 외할머니는 구조된 후 첫 관문이던 뉴욕 엘리스 섬(Ellis Island)에서 신체검사와 입국절차를 받고 몬태나주에 정착했다. 구리광촌에서 일하던 이탈리아 사람과 결혼하여 세 명의 딸과 두 아들을 두었다. 할머니의 자녀 중 첫 번째 손주로 태어난 남편은 구리광촌에서 가난하게 자랐다. 남편의 조상이 미국에 뿌리를 내린 이민의 역사다.

아메리카대륙의 분수령지대 작은 고장 뷰트 몬태나주(Butte, Montana)는 지구상에서 가장 유명한 구리광촌이다. 광산개발로 노던 퍼시픽(Northern Pacific) 철도가 1889년에 개통된 후 많은 사람들이 돈을 벌려고 광촌에 모여들었다. 몬태나의 겨울은 건조한 대륙성기후로 혹독하게 춥다. 연료로 쓰기 위해 탄광에서 버려진 석탄을 주워오는 일이 어린 남편의 몫이었다. 그곳에서는 모두가 그렇게 살았기에, 가난이 무엇인 줄 모르고 행복하게 자랐다고 한다. 미국 독립기념일이 되면 친구와 성조기를 들고 축제 행진 뒤를 따라다녔고, 저녁에 불꽃놀이를 보는 것이 가장 즐거웠고 그것이 유일한 피크닉이었다. 먹고 싶었던 아이스크림도 먹을 수 있는 독립기념일이 한 달에 한 번씩 왔으면 좋겠다고 생각을 했다고 한다. 풍족함은 없었지만 평안함과 안식이 있었던 고향을 떠난 것은 남편이 8살 때였다. 지하 갱도에서 다리를 다친 아버지가 새 직장을 찾아온 곳이 워싱턴주였다.

워싱턴주로 전학을 와서 가난이 무엇인지 처음 느꼈다고 말하는 남편의 눈가에 이슬이 젖는다. 빈민들이 삶을 이어가는 구리광촌과는 다른 세상이었다. 온 집안 식구가 일을 해야 했다.

남편은 부두에서 일하는 아버지와 함께 9살부터 일을 시작했다. 여름이면 농장에서 딸기와 콩 따는 일을 했고, 비가 오는 겨울이면 신문 돌리기, 깡통 그리고 병을 줍는 일을 하며 부모에게 용돈을 탄 적이 없었다고 한다. 고등학생 때는 주유소와 종이공장에서 일하며 부모를 도와 생계를 유지했다. 배워야 성공하고 몸을 아끼지 않아야 잘살 수 있다는 신념이 습관화된 남편은 정년퇴직한 지금도 쉬지 않고 일을 한다. 남의 물건도 아낄 줄 알고, 없는 사람의 어려움을 이해하며, 노력하는 사람에겐 항상 칭찬을 아끼지 않는다. 군대에서 나오는 장학금으로 여러 개의 학위도 받았다. 그 은혜를 생각해서인지 남편은 나라에 대한 애국심이 남보다 특출한 사람이다.

몇 년 전 독립기념일에 맞춰, 남편의 고향인 뷰트 몬태나주에 가서 아이스크림을 먹으며 축제 행진에 동참했다. 여태껏 내가 본 독립기념 행사와는 비교도 되지 않은 초라한 불꽃놀이였지만 남편은 동심의 세계로 돌아간 듯 무척 즐거워했다. 지금은 폐광되어 인적이 없는 구리광촌도 가 보았다. 코를 흘리며 까만 석탄가루를 뒤집어쓴 어린 소년이 석탄을 줍던 일을 상상해 보니 가슴이 뭉클했다. 남루한 옷에 짝짝이 양말을 신고 외할머니와 정겹게 엄마를 마중 가는 소년의 맑은 웃음이 봄 햇살로 활짝 피어올랐다. 한 폭의 수채화를 보는 듯 찡한 전율이 마음을 적셨다.

유년 시절의 그리움에 목이 메는 남편은 내 손을 꼭 잡고 산동네 골목길을 돌며 켜켜이 쌓인 어머니의 이야기를 들려주었다. 어머니가 부활절 선물로 주신 색색 가지 물감을 들여 준 병아리가 얼어 죽어 서럽게 울었던 세 살 적의 슬픔. 외할아버지와 함께 만든 포도주의 향긋한 냄새가 아지랑이로 피어오르는 듯한 산비탈에 세워진 작은 판자집. 큰 나무통에 가득 담긴 포도를 밟아 무릎까지 물든 다리를 매일 저녁 닦아주던 어머니의 푸근한 손길. 정겨운 오막살이집은 사라졌지만 흙과 포도 냄새가 어우러진 골목길을 찾아 남편은 추억이 담긴 어린 시절로 돌아간 듯 즐거워했다. 어머니를 그리는 아름다운 사랑의 이야기가 샘물처럼 쏟아져 나왔다. 어머니는 중학교만 다녔지만, 어느 스승보다 훌륭한 선생이었다고 침이 마르게 자랑을 한다. 어머니가 가진 재산은 오직 아들에 대한 신념과 믿음뿐이었다. 믿음을 바탕으로 한 신뢰가 있었기에 아들을 바라보는 어머니는 언제나 낙천적인 웃음을 담고 사셨다고 한다. 사랑이 있는 고생은 행복이 같이 동반되는가 보다. 어머니의 희생은 행복으로 가는 밝은 길잡이였다.

웃고 있던 남편 눈이 젖어 들었다. 내 가슴에서도 눈물이 흐른다. 단 일분만이라도 어머니를 볼 수 있고, 만질 수 있다면 자기가 가진 모든 것을 줘도 아깝지 않겠다는 남편. 슬픔이 밀

물같이 밀려와 얼룩진 그의 얼굴을 껴안았다. 석류알처럼 터져 피멍울진 그리움을 닦아주고 싶었다. 어머니에 대한 그리움에 돌아보고, 또 돌아보는 남편의 손을 잡고 골목길을 내려왔다. 하늘에서 빗방울이 떨어지기 시작했다. 가슴이 타들어가는 연민의 그리움이 하늘에 닿아 꽃비로 내리는 어머니의 눈물이었다.

남편의 어머니에 대한 사랑은 하늘을 찌르는데 나는 구순의 어머니에게 불효를 하고 있다는 생각이 들어 부끄럽다. 살아계신다는 이유로 마냥 믿고 의지하는 철없는 삶을 언제까지 살아야 남편처럼 진한 사랑을 느껴 효에 접근할 수 있을지?

오늘은 멀리 하와이에 계신 어머니에게 문안인사라도 드려야겠다.

보석보다 더 빛나는 아들의 어머니 사랑. 찬란한 무지갯빛으로 떠오른 고귀한 사랑. 영혼과 영혼이 맺은 진실한 사랑. 지구가 멸망한다 해도 그 사랑의 불꽃은 꺼지지 않으리라. 이별은 곧 사랑의 시작이 될 테니까….

인연생기(因緣生起)

생각하면 지금도 가슴이 찡하고 온몸에 전율이 돋는다. 같은 미국에 살면서도 가족이 함께 모인다는 것은 힘든 일이다. 남편의 배려로 하와이에 사시는 어머니와 버지니아에 사는 동생 내외가 넓고 푸른 태평양 바다가 눈앞에 보이는 캘리포니아주 뉴포트비치 리조트에서 일주일 휴가를 함께 보낼 수 있었다.

내가 먼저 죤 웨인 공항에 도착하여 식구들을 기다렸다. 오랜만에 만나는 동생 부부가 손을 흔들며 출구를 빠져나왔다. 야구방망이를 휘두르며 선수생활 하던 그 좋은 체격은 어디가고 홀쭉한 키에 병색이 완연한 얼굴로 나타나 놀랐다. 동생을 보필하며 살아온 착한 올케 얼굴에서도 이민생활의 고달픔이 엿보여 반가움과 슬픔이 한꺼번에 파도처럼 가슴에 밀려왔다. 붉게 타던 노을이 태평양 바다 속으로 숨어버린 늦은 시간에 어머니는 환한 미소로 우리 앞에 모습을 드러내셨다. 영화배우처럼 고와 학부형 모임 때마다 수군거리던 친구들과 선생님께 "우리 엄마야."라고 당당하고 자랑스럽게 말했던 어머니였다. 그 고상하고 품위 있던 얼굴과 손에는 온통 골 깊은 주름이 잡혀있고, 하얗게 바랜 머리와 점점 야위어진 몸을 보고 눈물이 핑 돌았다. 이번 재회는 기쁨과 놀람이 뒤섞인 그리운 만남이었다.

미 북서부 워싱턴주에 사는 나는 매년 두 번씩은 어머니를 보러 하와이에 가지만 어머니와 동생은 오랜만의 만남이었다. 미 동부 버지니아에 사는, 몸이 불편한 동생과 태평양 한복판 하와이에 사시는 연세 많은 어머니가 서로 자주 만나기에는 먼 거리만큼이나 힘들었다. 노모의 손을 잡은 동생의 눈시울이 붉어졌고, 동생을 바라보는 노모의 눈에서도 이슬이 맺혔다.

"왜 이리 말랐니? 밥은 잘 먹고 다니니? 잠은 푹 자니?"

어머니의 물음에 "엄마 피곤하지 않아? 몇 시에 떠났어?" 서로 즉답을 피했어도 표정과 몸짓으로 마음을 읽을 수 있었다. 한동안 정지된 시간 속에 잠겨 눈시울을 붉혔다. 말하지 않아도 많은 이야기가 눈빛 속에 녹아났기 때문이다.

내가 기억하는 어머니와 아버지의 결혼생활은 그리 행복해 보이지 않았다. 아버지는 고급 공무원이셨고, 어머니는 교육을 많이 받은 신여성이었지만 마음고생을 많이 하고 사셨다. 경제적으로 누구보다 풍요를 누리고, 모든 것을 갖추었는데 무엇이 부족해서 어머니가 가끔씩 우시는지 어린 나는 알 수가 없었다.

지금 생각하면 애정을 바탕으로 결합하지 않았던 두 분 모두 서로 적당한 배필이 아니었을지도 모른다는 생각이 든다. 아버지는 돈으로 가정을 샀고, 어머니는 사랑과 이해를 원했기에 같은 공간에서 산다 해도 단절된 삶을 사신 것 같다. 어머니가 꿈꾸던 이상은 하나의 희망사항일 뿐 자신의 감정, 생각을 모두 접고 살아야 했다.

노르웨이 극작가 헨리 입센의 '인형의 집'에 나오는 아내 노라처럼 관습과 인습에서 탈피할 수 있는 강한 성격의 소유자도 물론 아닌 어머니였다. 어린 우리를 두고 혼자 나가 살기에는 사회적으로 도덕적으로 용납될 때도 아니었기에, 어머니의 심적 고통은 컸으리라 여겨진다. 그런 환경에서 우리는 성장했다. 부모의 갈등과는 아랑곳없이 우리들은 사랑으로 뭉쳐 살았다. 내가 결혼한 후에야 어머니도 여자라는 것을 알았고, 이해할 수 있게 되었다. 힘들었던 지난 세월의 흔적들이 오늘의 어머니를 문인으로 키워준 자양분이 되었는지도 모른다는 생각이 든다.

어머니는 평생 자식들에게 미안한 마음을 갖고 살아오셨다. 자식들에게 좀 더 잘했어야 했는데 하는 후회의 마음은 석양이 짙게 지는 나이로 접어들면서 더 깊어지신 것 같다. 아들을 바라보는 어머니의 얼굴에는 연민의 눈물로 가득했다. 자식에게 신세를 지지 않으려는 마음이 역력했다. 그 모습을 지켜보면서 눈물이 핑 돌았다. 우리는 파도같이 밀려오는 가슴속 이야기들을 나누며 웃고, 때로는 가슴 저리며 갈증의 아쉬운 시간을 보냈다. 가족이란 무엇일까? 도산스님 글이 떠올랐다.

오고 가다 옷깃만 스쳐도 삼백생의 인연이요.
같은 좌석에 앉아 대화하면 오백생의 인연이요.
같은 솥에 밥을 먹으면 칠백생의 인연이요.
같은 피를 나누면 구백생의 인연이요.
부부로 만나는 것은 천생의 인연이다.

우리는 구백생의 인연으로 만났으니 나누는 정도 깊을 수밖에….

창밖에서 짙은 바다냄새가 코끝에 밀려왔다. 파도를 타는 갈매기들의 기교가 신비롭다. 밀려오는 파도를 용케도 밀어내고 또 다른 물결을 여유롭게 맞는 저들의 행위가 평화롭게 보였다. 헤어짐을 생각하며 아쉬움의 정원에 갇혀 있는 우리의 모습과는 너무나도 달랐다. 오고가는 인연들에 집착하지 않고 자유롭게 보낼 수는 없는 걸까? 생각해 보지만 아직 자신이 없다. 놓아주어야 할 것이 너무 많지만 지금은 함께하는 순간이 더 고귀하고 사랑스러울 뿐이다. 우리에게 주어진 시간이 많지 않기 때문이다. 우린 또다시 각자의 생활로 되돌아가기 위해 이별의 아픔을 받아들여야 할 순간이 기다리고 있었다.

지나간 슬픔도 아름답고 아름다움도 슬퍼지는 졸수의 나이가 된 어머니, 힘든 삶의 무게를 몸으로 지탱하면서 낡아버린 동생 내외를 오늘만이라도 가슴에 가득 담고 취하고 싶다. 언제 또 만나게 될지 알 수 없는 그날을 기약하면서 손가락이 파르르 떨도록 이별의 손사래를 치고 싶다. 뜨거운 눈물이 웃음으로 피어오르고 있었다.

입양 · 1

들뜬 마음으로 집을 나선다. 오늘은 정년퇴직한 직장 친구들과 오랜만에 만나는 날이다. 같은 시기에 퇴직한 동료들과 석 달에 한 번씩은 만나자고 약속했지만, 세월이 가면서 점점 만나는 횟수가 줄어든다. 처음에는 열두 명으로 시작했는데 지금은 많이 나와야 일곱 명 정도다. 이유는 간단하다. 겨울이면 비가 많이 내리는 오레곤주를 떠나 아리조나, 마이애미로 이사를 한 친구들도 있고, 여행 중인 친구도 있어 매번 인원수는 줄어든다.

이번 모임에는 여섯 명이 모였다. 지난번에 참석 못 했던 국장님은 퇴직한 후 축구코치 조수로 일하면서 학생들과 함께 뛰는 시합에 응원오라고 지원을 부탁하는가 하면, 또 한 친구는 스페인에 한 달간 갔다 온 이야기로 이어갔다. 다들 건강하게 잘 지내고 있어 마음이 즐겁고 반가웠다. 운전 조심하고 건강하자고 서로 위로하며 헤어질 때 한 친구가 남편과 같이 다음 달에 두 아이를 입양하러 중국으로 간다고 말을 꺼냈다. 입양이 쉽지 않을 텐데 그런 결심을 한 친구가 존경스럽고 장하게 보였다.

입양이란 말을 들으면 나는 가슴이 뭉클하다. 아주 오래된 이야기다. 학생 때 미 대사관에 근무하던 켄 리차드슨(Ken Richardson)이라는 사람에게 영어 개인 지도를 받은 적이 있다.

자주 집에 가서 지도를 받았기에 부인인 메리 리차드슨(Mary Richardson)하고 친하게 지냈다. 아이가 없는 그 부부는 입양을 원했고 나는 그들을 도와 보육원을 함께 다니며 일을 도와주었다. 서류가 모두 정리되고 그들이 원하는 아이를 보기로 했다.

부부는 혼혈아보다는 한국 여자 아기를 원했기에 우리는 많은 고아원을 다녔다. 지금처럼 입양절차가 체계적이지 않았기에 그들이 원하는 아기를 직접 찾아다닐 수 있을 때였다. 인왕산 남동 기슭 사직공원 필운대에 있는 고아원에 가보니 2~3살의 여자아가들과 남자아가들이 가득히 강당을 메우고 있었다.

메리와 나는 강당을 열 바퀴 이상 돌면서 많은 어린애 중에서 예쁜 아이를 선택했다. 그 아이는 3살, 눈이 몹시 크고 순해 잘 웃었다. 메리가 그 아기를 안아본 순간 아가는 메리의 긴 노랑머리가 색달라 보여선지 작은 손에 한 줌 쥐고 입에다 넣고 좋아 마구 웃어 보였다. 그 모양이 얼마나 귀여웠던지 모두 함께 웃었다. 남편 켄도 아가를 안아보고 무척 좋아했던 순간이 눈에 아직도 선하다. 메리를 도와 아기 보모를 채용했고 아기 옷도 많이 사왔다. 우리는 페인트를 사다 분홍색으로 방 색깔도 바꾸었고, 예쁜 수놓은 분홍 이불을 새로 준비한 장식장에 넣어두었다. 내가 한 번도 보지 못하였던 장난감도 미국에서 부쳐왔고 이것저것을 준비하는 메리와 함께 내 마음도 들떠 있었다. 윈디(Wendy)라고 이름 지은 아기가 온 날은 주위 친구들을 모아 환영 파티도 해주었다. 흥분의 날이 채 가시기 전 메리가 울면서 보모를 내보내야겠다고 하소연했다. 윈디가 보모만 따르고 엄마인 메리 곁에는 오지도 않는다는 것이다. 아침부터 저녁까지 보모 곁에서 떠나지 않고 저녁에 퇴근하는 보모의 치맛자락을 잡고 소리소리 지르며 안 떨어지려고 운다고 했다. 눈과 피부 색깔이 다른 미국인보다는 같은 색깔의 동양인 보모가 어린 마음에도 정이 더 가나 싶었다.

결국 보모를 내보내고 메리의 인내는 시작되었다. 메리는 윈디를 울면서 따라다녔고 윈디는 울며 도망가고, 서로 쫓고, 쫓기면서 애원하며 달래는 힘든 시간을 보냈다. 윈디는 새로운 환경에 적응하는데 무척 힘들어했다. 메리의 꾸준한 정성으로 두

모녀는 서로의 얼굴을 익히고 정을 나누는데 6개월이 넘는 긴 시간을 보내야 했다. 내가 공부하러 가서 말만 걸어도 윈디는 참았던 울음을 '앙' 하며 내 품에 안겼다. 집에 가려고 나올 때마다 내 목을 끌어안고 울어대는 바람에 나도 울고 또 한바탕 집안은 울음바다가 되었다. 우리 모두 무척이나 울었던 생각이 난다. 입양의 슬픔을 피부로 느낄 수 있었다. 얼마 후 그들은 미국으로 돌아가고 윈디의 소식을 가끔 메리에게서 전해 들었다. 윈디가 일곱 살 때 미국 시민권을 받고 찍은 사진을 보내왔고 발레를 배운다는 편지도 왔다. 서로 바쁜 생활에서 소식이 끊어진 것은 그 후 몇 달 뒤에 일이었다. 내가 하와이에서 워싱턴주로 이사 오면서 메리의 고향이 오레곤이었다는 것이 생각났고, 그 꼬마 울보 아가씨는 얼마나 예쁘게 컸을까 이따금 생각을 하기도 했다.

입양되어 성공한 분도 많이 있다. 권오복은 7살 때 프랑스로 입양된 후 변호사의 아들 장뱅상 플라세(Jean-Vincent Placae)로 성장하여 프랑스 상원의원에 당선되었고, 어머니를 시장에서 잃어버린 김봉석(Toby Dawson)이란 어린이는 1981년 홀트 아동복지회를 통하여 미국에 입양되어 2006년, 미국 대표 동계올림픽에 출전하여 동메달을 땄다. 또한, 내가 사는 미국 워싱턴주의 상원의원을 역임한 신호범(Paul Shin) 씨도 구두닦이 하던 어린 나이에 미국으로 입양된 분이시다. 신호범 씨의 "피는 물보다 진하지만 사랑은 피보다 진하다."라고 입양해 주신 양부모님의 사랑에 대한 글을 신문에서 읽은 적이 있다. 언제나 어디서나 사랑만큼 쉬운 길이 없고, 사랑만큼 아름다운 길이 없음을 알고 있는 분의 이야기다. 윈디도 새 부모를 만남으로 깊은 상처의 아픔을 잊고 자기한테 주어진 몫을 불평 없이 잘 다스리는 좋은 인격의 아가씨로 성장하기를 바라는 마음이다.

삶은 매시간 부딪히는 모든 것이 도전이다. 투쟁하며 도전하여 얻어진 열매는 달다. 혈연으로 이루어진 가족이 아니라도 가슴으로 낳은 사랑으로 이루어진 입양. 부모와 자식으로 살아간다는 것도 하늘이 엮어준 하나의 만남이며 인연이다. 이 귀중한 삶의 흐름 속에 모든 입양아들에게 많은 축복이 내리기를 기도하는 마음이다.

입양 · 2

윈디를 다시 만나게 되었다. 너무나 우연한 계기로 만나게 되었기에 필연이라는 생각이 든다. 계약서류를 결제 갔을 때 국장 사무실에서 새로 부임한 장교와 인사를 나누었다. 그 후 가끔 우리 사무실을 찾는 소령이 하루는 나보고 어디서 왔느냐고 물었다. 한국에서 왔다고 하자 자기 여자 친구도 한국에서 왔다고 했다. 얼마 후 소령과 같은 공사업무를 맡게 되어 만나는 횟수가 많아졌다. 현장을 오고 가는 차 속에서 공무에 대한 이야기를 주로 했지만, 가끔 사생활 이야기도 나누는 사이가 되었다. 대화 중 그의 여자 친구가 윈디라는 사실을 알게 되었다. 6살의 아기가 있는 이혼한 여자라고 했다. 나는 윈디의 입양과정을 들려주며 그 울보 아가씨가 어느 곳에 있는지 보고 싶다했다. 다음날, 출근하니 자기 사무실로 와달라는 소령의 메모가 있었다.

간밤에 현장에서 급한 일이 발생한 줄 알고 그의 사무실로 달려갔다. 그는 웃는 얼굴로 나를 맞이했다. 어젯밤 집에 돌아가서 낮에 일어났던 이야기를 여자친구에게 전했더니, 자기 아버지, 어머니 이름이 내가 알고 있는 분들과 같은 사람이었다. 어머, 이럴 수가! 묘한 기분이 들었다.

뛰는 가슴을 안고 다음날 메리와 윈디를 만나러 갔다. 식당문을 열고 들어가니 한구석에 해 바란 노인이 손을 들며 반겼다. 길에서 보면 알아볼 수 없도록 메리는 많이 변해 있었다. 25년이란 세월이 흘렀으니 어찌 안 변할 수가 있을까! 우리는 서로 부둥켜안고 눈물을 흘리며 반가움에 떨었다. 옆에는 예쁘게 생긴 윈디가 무심한 얼굴로 앉아 있었다. 지난날들을 이야기하는 동안 메리는 계속 울고 있었다. 미국에 돌아온 얼마 후 남편과 이혼했고 메리 혼자서 윈디를 길렀다고 한다. 생활이 윤택해 보이지 않았다. 딸 윈디는 참 이쁘게 성장했고 어느 누가보아도 탐을 낼만한 미모를 지니고 있었다. 며칠 후 메리, 윈디와 아기 그리고 소령을 집으로 초대하여 많은 이야기를 나누며 우연이라고 하기에는 숙명처럼 깊은 우리들의 인연을 이야기하며 즐거운 시간을 함께 보냈다. 사실 나는 윈디와 많은 이야기를 하고 싶었고 같이 시간을 보내고 싶었다. 내 목을 끌어안고 울던 울보가 생생하게 내 기억 속에 있었기에 마치 잃었던 딸을 만난 기분이 들었다. 윈디도 어린 시절에 대해 많은 것을 알고 싶고 한국에 대해 알고 싶어할 것으로 생각했기 때문이었다.

"한국 가보고 싶지 않아? 만약 그렇다면 시간 내서 한번 가. 같이 가 줄게."

"아니."

한마디로 거절을 했다. 말문이 막혔다. 윈디는 차갑고 냉정했다. 예상치 않았던 대답에 곤혹스러웠다. 난감해 하는 내 표정을 보며 윈디는 말을 계속했다.

"내가 생각나는 한국은 울음뿐이야. 그래서 싫어. 나를 버린 부모도 싫고 생각하기도 싫어."

그 말을 듣는 순간 마음이 아파 숨이 막혔다. 더는 할 말이 없었다. 한 대 얻어맞은 기분이 들었다. 그 후 윈디를 만나지 않았다. 윈디는 제 과거를 알고 있는 나를 만나고 싶지 않을 것으로 생각했기 때문이었다. 얼마 후 메리는 여동생 집으로 여행을 떠났고 그들과 소식이 끊어졌다. 이따금 소령에게 윈디의 소식을 전해 들었다. 어느 날 이른 아침에 소령이 사무실로 나를 찾아왔다. 동생 집에서 돌아오면 연락하겠다던 메리가 갑작스러운 심장마비로 죽었다고 했다.

그날 저녁 나는 윈디를 만났다. 윈디는 늘 외롭게 자랐다고 이야기하며 많이 울었다. 태평양 바다를 건너 피부색이 다른 가족에게 입양된 후 다시는 버림받지 않기 위해 양부모의 눈치를 보며 피나는 노력을 하고 살았다고 했다. 어린 시절은 혼자서 자기를 버린 친부모를 그리며 울었던 어둡고 슬픈 기억뿐이라고 했다. 정확한 나이도 모르기에 입양한 날이 생일로 정해졌고 어쩌다 같은 피부색의 학생을 만나면 무엇인가 연결되는 한 민족, 한 언어, 단일성과 순수혈통성의 이데올로기를 찾아 방황하며 살았다고 했다. 늘 존재부터 거부당했다는 느낌과 배반으로 받은 무서움은 남에게 정을 주기가 힘들었다고 했다. 자기는 버려진 아이라는 생각으로 괴로웠다고 했다. 양부모가 이혼한 후 엄마인 메리는 약물중독으로 폐인이 되어 어두운 생활을 하였다. 모든 고통의 원인은 자기를 버린 한국의 친부모로부터 시작한 것이라고 생각되어 용서를 할 수 없다고 울며 말했다. 만가지의 슬픔과 상처를 안고 살아온 입양아. 끊임없이 닥쳐왔던 파란 많은 삶을 살아왔을 윈디의 슬픈 고백을 듣고 나는 왜 그가 조국의 뿌리를 부정했는지 이해할 수 있었다. 한국은 윈디가 태어난 곳이기는 하지만, 자신이 버려진 곳이기도 했다.

메리의 장례식은 몇몇 친지와 함께 간단한 예식으로 끝났다. 그날 윈디는 울지 않았다. 다시 고아가 된 윈디를 바라보며 나는 생각에 잠겼다. 입양이 되어 새로운 가정이 생겼다고 해서 잘 지내고 행복한 것만은 아니었다. 잘난 부모 만나 행복해지라고 믿었던 것도 나의 착각이었다. 상처가 깊을수록 치유될 수 없었던 어린 마음. 제거될 수 없었던 친부모에 대해 미움과 용서할 수 없었던 마음. 훌륭한 교육 환경 속에서 올바르게 성장할 수 있도록 키워준 양부모도 있지만, 현실에서 출구를 찾지 못하고 상처투성인 입양아도 많다고 느껴졌다. 이것이 입양의 또 다른 슬픔이 아닐까?

장례식장에서 나오니 색색가지의 고무풍선을 한 사람씩 나누어줬다. 동시에 풍선을 하늘로 날렸다. 여름맞이 준비를 하는 초목은 더없이 싱그러웠다. 파란 하늘빛에 조화된 오색 무늬 풍선이 둥실둥실 뭉게구름을 타고 날았다. 애틋이 멀어져가는 풍선을 향하여 기도를 했다.

'입양된 모든 아이에게 하나님 원하옵건대, 미움이 있는 곳에 사랑을, 상처가 있는 곳에 용서를, 절망이 있는 곳에 소망을, 슬픔이 있는 곳에 기쁨을 심게 하소서.'

눈물이 흐른다. 풍선이 모두 날아간 하늘은 왠지 쓸쓸하게 보였다. 추억이란 가끔씩 아름다운 구슬처럼 꿰어지는데, 메리와 윈디의 추억은 입양의 슬픔으로 내 마음속에 영원히 남는다.

친구라는 말

음악회를 다녀왔다. 공연장 입구에서 지인을 만나 함께 온 젊은 분을 소개받았다. 한국에서 온 지 얼마 안 되는 친구라고 나에게 소개를 했다. "친구 아니예요. 한참 아래 동생뻘 돼요." 그는 친구란 말이 부담스럽다는 듯 말을 바로잡았다. 당황한 나는 그 말의 어감을 어떻게 받아들여야 할지 온종일 머리에서 떠나지 않았다.

친구라는 말은 가깝게 지내는 사람이란 뜻이다. 우리의 정서로는 소꿉친구 또는 같은 연배로 태어난 사람이 서로 정을 주고받는 것이라 할 수 있다. 사는 환경과 교육수준도 비슷해야 절친한 친구로 유대 관계가 성립한다. 둘 중 하나가 부담스러우면 좋은 친구의 관계는 유지될 수 없다. 이국에 사는 우리는 친구라는 관념이 한국과는 다르다. 한국에서는 상・하 관계가 분명한 유교문화의 뿌리가 남아 있어, 나이 차이가 나면 친해지기 어렵다. 미국에 살고 있는 이민자들은 살아온 배경, 직업이나 교육수준은 별 상관없이 같은 교회, 성당, 또는 특정 모임에 공동회원이 되면 연령의 제한 없이 민족의 동질감으로 유대 관계가 성립되고 친구가 된다.

한국 분들은 처음 만나면 연배를 묻고, 상대와 자신을 맞춰서 호칭과 존댓말을 쓴다. 연장 우대 개념이 존재하기에 지켜지는 하나의 배려라고 하겠지만, 때로는 몹시 불편함을 느낀다.

절친으로 평생 우정을 나눈 오성 이항복(李恒福)과 한음 이덕형(李德馨)도 5살 차이가 났다. 지금은 인구 증가와 삶의 질이 향상되어 고령화시대로 접어들었다. 십 년 차이면 친구 사이로 지내도 무방할 것 같다는 생각이 든다.

얼마 전 한국에서 조기 유학 온 유학생끼리 호칭 문제로 싸움하다 결국 살인까지 이르렀다는 신문기사를 읽었다. 한국은 삼강오륜(三綱五倫)이란 유교적 도덕지침에 의하여 위, 아래가 확실히 구분된 사회다. 나이에 따른 개념과 직장의 상사와 부하의 계급이 깊게 내린 문화에서 비롯된 사고였다. 호칭을 부르는 것은 예의를 표현하는 마음의 서비스인데 이런 관습 때문에 목숨을 잃어야 한다고 생각하니 머리가 복잡해진다.

몇 년 전 한국을 방문했을 때다. 어머니의 책 출판 관계로 어느 출판사를 찾았다. 처음 만나는 출판사 사장님이 "선생님 어서 오세요." 하며 반갑게 맞이했다. 학교에서 선생님을 한 적이 없는데 이분이 나에 대해 잘못 알고 계시는구나 하고 마음속으로 생각했다. 선생님이라 부르는 존칭에 익숙지 않았기 때문이다. 그 후 나는 한국분들이 부르는 존칭이 장소에 따라 다르다는 것을 알았다. 일반적으로 전문직에 계시는 분들끼리는 '선생님'으로 서로 호칭을 한다. 그러나 시장에 물건을 사러 가면 영락없이 나는 '아줌마'로 미장원에 가면 '언니'로 둔갑한다.

때로는 다른 교회에 다니시는 분을 만나면 서슴없이 '권사님'이란 존칭으로 불린다. 그럴 때마다 나는 '권사님이 아닙니다'라고 꼭 수정해 드리지만 아마 나이가 들어 보여서인지 매번 그렇게 불러준다. 그런데 사무실에서도 한국분들은 나를 미국 이름인 '낸시'가 아닌 '낸시 여사님'이란 존칭으로 불러준다. 아마도 로널드 레이건 전 미국 대통령의 영부인과 이름이 같아 그렇게 부르나 보다. 이왕이면 좋은 호칭으로 불러주겠다는 마음에서 쓰는 호의는 감사하지만 때로는 마냥 민망스러울 때도 있다. 요즈음은 작은 단체를 운영하는 까닭인지 자주 '회장님'으로 통한다. 내가 받아야 할 지위보다 과분한 호칭으로 불러주는 것이 상대방에 대한 배려라고 생각하는 모양이다. 어느새 나도 그 분위기에 편승했는지 들으면 기분이 나쁘지 않다.

미국에서는 나이 구분 없이 성을 부르고 특히 친한 사람들이면 이름(First Name)을 부른다. 한국에서는 연장자의 이름을 부르면 교육받지 못한 무례하고 예의 없는 사람으로 간주한다. 나는 때때로 이국에서 받아들인 문화적 특성 때문에 한국분을 만나면 언어와 행동에 특별히 신경을 쓴다. 가끔 이민 온 연도의 생각에 머물러 생활하시는 분들도 있다. 한국에서 사시면 문화와 사회적인 흐름을 속속히 피부로 느낄 수 있지만, 사회활동이 통제된 이민사회는 빠르게 변화되는 시대의 흐름을 제대로 접할 수 있는 기회가 없기 때문이다. 즉 70년도에 이민 오셨으면 지금도 70년대의 생각을 고정관념으로 지니고 사는 분을 많이 볼 수 있다. 한국적인 서열문화를 고집하면서 미국식 나이에 따른 유연성을 강조하는 이율배반(二律背反)적인 분들도 있다. 자기가 편리한 대로 한국식과 미국식으로 적당히 적응하며 살기도 한다.

나이를 기준하여 상하를 구분하는 것이 한국의 관습이기에 나쁘다 또는 좋다고 판단할 생각은 없다. 다만 내가 생각하는 것은 인간관계를 사랑으로 유지할 수 있는지를 생각해 본다. 한번 무너지면 쌓을 수 없는 세 가지가 있다. 존경, 신뢰 그리고 우정이다. 나도 내 주장만 옳다는 생각과 늙었다는 이유로 대접받으려 하는 마음은 버려야겠다.

살아가면서 참 많은 사람들을 만나게 된다. 첫인상이 좋은 사람, 만나면 지루한 사람 그리고 만날 때마다 웃음이 나오게 하는 사람. 사람마다 제각각 풍기는 맛이 다르다. 나는 나이를 만남의 기준으로 하지 않고, 감싸주고 이해하는 마음으로 교분을 쌓는 사람이 되고 싶다. 나를 만나는 사람마다 마냥 행복해 시간이 가는 게 너무 아깝다고 느껴지는 사람이 되고 싶다. 편견이 없는 사회에서 주름이 생기지 않는 마음, 희망을 잃지 않은 친절한 마음과 늘 명랑하고 경건한 몸가짐으로 만나는 사람마다 행복을 가져다주는 행복 전도사가 되고 싶다.

하나님의 전화번호

새벽 일찍 일어나 전화를 겁니다.

하나님의 전화번호는 참 외우기가 쉽습니다.

전화번호는 66- 3927.

우리 집 전화번호보다, 또는 하와이에 사시는 엄마의 전화번호보다 외우기가 쉽습니다. 여섯(6) 숫자만 외우면 됩니다. 구약성경 39편과 신약 성경 27편을 합한 66으로 다이얼을 돌리면 됩니다. 하나님의 세계는 하나로 되어 지역 번호도 없습니다. 한국에 있는 친구들과 전화를 하려면 시간차를 계산하지만, 하나님은 일 년 열두 달 아무 때라도 전화할 수 있어 좋습니다.

길게 해도 좋고 짧게 해도 좋습니다. 통화료도 무료입니다. 나는 멀리 계시는 어머니에게 하루에 한 번씩 안부전화 하듯이 하나님께는 시도 때도 없이 전화를 겁니다. 언제든지 나 혼자만의 일방통화입니다. 그래도 좋습니다. 언제나 내가 드리는 기도를 듣고 계신다는 것을 알기 때문입니다. 어머니의 건강도 지켜주시고, 내 이웃에게 행복도 주시니 나의 기도를 하나님이 듣고 역사하심이 확실합니다.

특별히 드릴 말씀 없어도 감사의 전화를 합니다. 어제는 비가 와서 좋고, 오늘은 햇빛이 찬란해 즐거웠고, 내일은 하나님이 주실 좋은 날을 기대한다고 말씀을 드립니다. 때로는 천지창조에서부터 하나님의 말씀 속에 살아 계시는 예수님 이야기도 드려봅니다. 창세기부터 마태복음, 누가복음, 요한복음을 읽으며 숨바꼭질하듯 숨어계신 예수님을 찾아 이곳저곳을 헤맸다고 투정도 부립니다. 아브라함에게 모리아 땅으로 가서 독자 아들 이삭을 번제로 드리라고 하신 말씀은 이해할 수 없다고 응석도 부려 봅니다. 또한 하나님의 말씀은 벽이 높고 두꺼워 그 속으로 들어가기가 너무 힘들다고 떼도 부려봅니다. 그때마다 배시시 웃고 바라보시는 거울 같은 나의 하나님을 아니 사랑할 수가 없습니다.

"모든 성경 말씀은 잘 맞춘 거대한 퍼즐과도 같다. 너의 지혜의 생명이 자라는 날 흩어진 퍼즐도 풀 수 있는 날이 올 것이다"고 하나님은 말씀하십니다. 나는 오늘도 하나님이 원하는 생명의 싹을 키울 수 있도록 기도하며 하나님의 전화번호를 돌리고 있습니다.

66-3927, 하나님이 나의 응석을 받아 주심에 늘 감사를 드립니다.

4.

다 지나간다

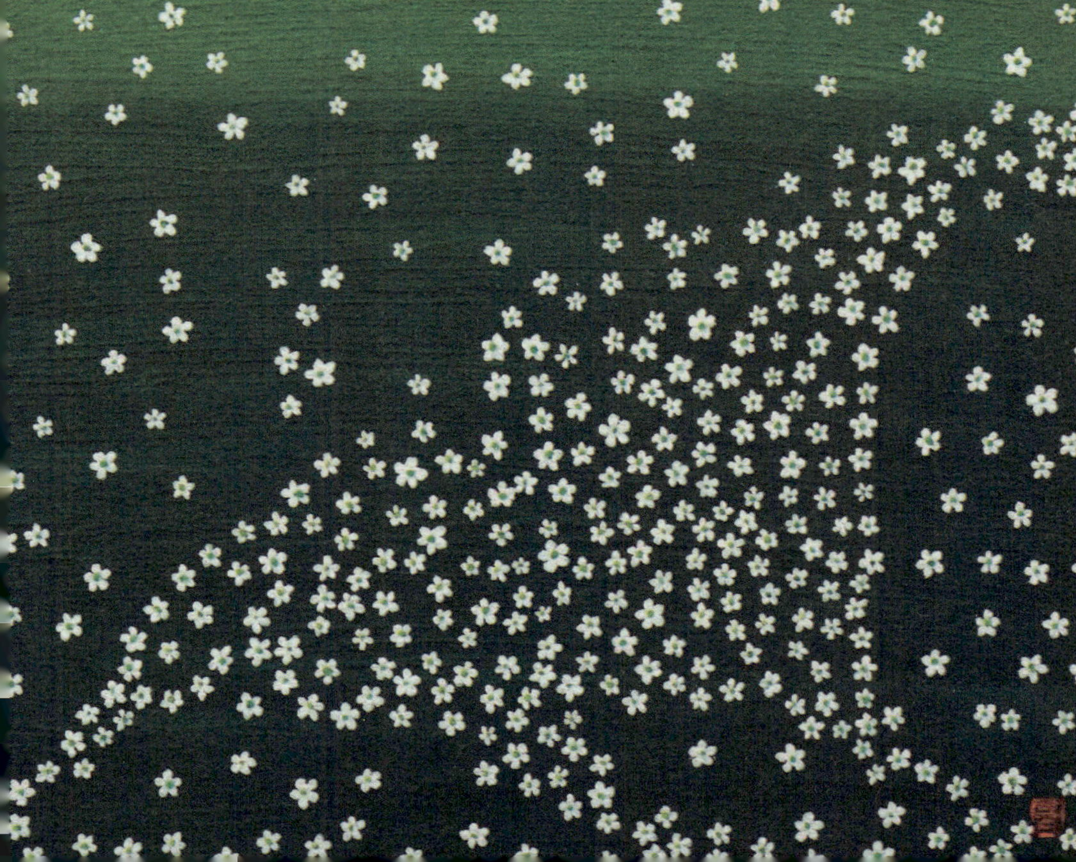

기다림 속에서

설경이 감탄을 자아낸다. 철새와 자연만이 공존하는 비무장지대. 얼음 위를 걷는 두루미가 곡예를 하는 것 같다. 얼어붙은 땅 DMZ구역. 왜 이리 추운가? 뼛속까지 스며드는 임진강의 추위는 내 마음도 얼어붙게 한다. 이 땅에 포성이 멈춘 지 반세기가 훨씬 지났건만 달라진 것이 없는 경의선의 장단역. 남북을 갈라놓은 철조망에 대롱대롱 걸린 푸른빛 고드름을 보니 갑자기 갈증이 났다.

닿을 듯 닿지 않는 대성동 마을의 설경을 한동안 바라보았다. 무척이나 아름답다. 새들은 남과 북을 자유로이 넘나들며 평화롭게 즐기고 있지만 불과 수 킬로미터 앞에는 남과 북이 서로 총부리를 겨누고 있으니 분단국가라는 걸 실감할 수 있다.

싸움을 왜 할까? 참혹한 전쟁은 왜 하는 것일까? 생명이 얼마나 고귀하고, 삶이 얼마나 소중한 것인데, 인간의 욕심 때문에 모든 것을 버리다니? 올해 6월은 한국전쟁이 일어난 지 65년이 되는 해다. 아무런 비전도 없고 엄청난 손실만 안긴 채 갈라진 남과 북. 다시는 비극이 되풀이되어서는 안 된다고 생각하지만, 전쟁 재발 불안은 아직도 유한하다.

경계선 철조망 너머 파랗게 질린 그리움. 잊혀간 역사의 현장에서 아버지의 그림자를 본다. 그리도 가고 싶어 하시던 고향인 영변(寧邊). 진달래 꽃망울을 눈 속에 영원히 담고 계실 것 같다. 봄은 언제 오려는지! 녹슨 증기기관차 위에 뿌리를 내린 뽕나무를 보면서 무한한 인내를 요구하는 기다림의 긴긴 세월을 떠올린다. 달리고 싶은 철마를 타는 날을 기다리며 아버지는 눈을 감으셨다.

타국에서 생활한 날이 고향에서 산 날보다 더 많은 나의 삶. 어머니는 이북에서 오신 분을 만나면 친형제 만난 듯 좋아한다. 그래서 그런가? 나는 잘 알지도 못하는 이북을 고향이라 믿고 살았다. 귀에 익은 이북 사투리에 왠지 정이 가고 동향의 기분이 든다. 마음의 고향으로 가는 길이 눈앞에 있다. 하지만 한 발자국도 나아갈 수 없는 동토의 땅을 바라볼수록 슬프다.

고국에서 또다시 고향을 떠난 이민자의 고국은 어딜까? 이민자의 고향. 나의 고향은 정말 어느 곳일까? 노스탈쟈(Nostalgia)의 뜻을 보면 '고향에 대한 근심'이라 한다. 가끔 어디서 왔느냐는 사람들의 질문에 한국인이지만 미국사람이고, 살기는 워싱턴 주에서 산다고 한다. 태어나기는 만주 하얼빈에서 태어났고, 부모의 고향은 이북이라는 어정쩡하고 어설픈 대답도 곁들인다.

은혜 속에 태어났다고 이름도 혜자(惠子)라고 지어주신 아버지. 근엄한 성격이기에 남들은 좀처럼 쉽게 다가갈 수 없던 아버지. 나에게는 언제나 자상하셨던 아버지. 눈 감으면 한 눈에 쏙 들어오는 한 장의 사진 속 얼굴. 내 손을 꼭 잡고 기차를 탄 아버지를 바라본다. 주위가 모두 산으로 둘러싸인 고장. 약산은 철옹성(鐵甕城)의 진산이고, 주위의 다른 산에 비하여 가장 험준한, 말로만 들어본 경승지를 구경한다. 성벽으로 둘러 마치 항아리와 같은 모양을 하고 있어 철옹성이라 불리는 산. 봄에는 진달래가 산을 불태우고, 가을에는 단풍으로 뒤덮인 영변(寧邊)의 약산에 머무른다. 약초가 많아 약산이라 하였던가! 약수가 많아 약산(藥山)이라 하였던가? 영변은 산에 약초와 약수가 많아 아름다운 고장인 것은 틀림없나 보다.

약산동대(藥山東臺)에서 서쪽으로 바라보는 구룡강(九龍江), 관서팔경 중 하나인 천주사(天柱寺), 서운사(棲雲寺), 수운사(水雲寺), 수국사(守國寺), 학귀암(鶴歸庵) 등 명산의 사찰도 돌아보고 신의주역을 지나, 내가 태어난 만주 하얼빈(Harbin)으로 달리는 꿈을

꾸어 본다. 아버지가 놓지 못한 소원을 딸이 이어 받아 그리워 한다. 아버지와 함께 떠난 꿈속의 여행. 그 꿈이 실현되는 날이 언제가 될지 모르지만 마음이 조급하다. 내 생전에 가늠할 수 없어 안타깝다.

아버지를 그리면 옛날 후암동 집이 생각난다. 높은 계단을 올라 대문을 열면 한강이 내려다보이던 2층집이었다. 가을이면 정원에 감이 주렁주렁 달려 우리 집을 감나무집이라고 불렀다. 일본 유학 시절에 식당에서 일하며 어깨너머로 배웠다고 가끔 별미로 스끼야끼를 만들어 주시던 아버지. 내가 반찬투정을 하면 소고기, 두부, 배추, 버섯을 넣어 맛있게 우러난 국물에 달걀을 풀어 밥상 앞에 슬그머니 밀어주시던 아버지. 그 맛, 코끝을 자극하는 감각과 더불어 아련한 추억이 바람같이 몰려온다. 다시 꿈꾸고 싶은 어제 같은 세월이 동심으로 피어난다.

바람이 몹시 차갑다. 눈이 날린다. 추운 겨울바람에 내 손끝이 피아노 줄같이 떨린다. 올해같이 추운 겨울은 없는 것 같다. 남과 북의 관계는 해와 달이 공전하는 섭리와 같은 것일까? 무정한 세월을 이고, 고요한 적막이 무겁게 비무장지대에 깔렸다. 인간에게 있어 희망만큼 소중한 것이 없다. 정신의학자 매슬로우(Abraham Maslow)는 '희망은 인간의 가치관을 좌우한다'고 했다. 신학자 틸리히(Paul Tillich)는 '희망은 인간에게 살아야 할 의미를 제공한다'고 했다. 언제나 아버지가 원하시던 남북통일의 희망이 이루어질까? 아버지가 원하던 고향 땅 정든 길을 걸을 수 있을까? 꼭 그 꿈이 이루어져야 한다. 그래야 아버지를 만나 나눌 이야기가 많을 텐데…. 내 능력 범위를 벗어나는 영역이지만, 지금 내가 할 수 있는 길은 조국통일을 염원하는 기도에 매진하는 일이 아닐까 싶다.

흙이 모여 산이 되고, 물이 흘러 강이 되듯이 수십 년이 지나도 단념 못하는 기다림. 아버지가 기다리셨고, 온 국민이 기다렸지만 얼마나 시간이 더 흘러야 이 기다림은 끝날 수 있을까.

하얗게 무서리 내리는 잿빛 하늘 위에 무심한 기러기는 북녘으로 난다. 아버지의 영혼이 바람과 함께 비상하는 것 같다.

멋진 사람들

여행하다 보면 수없이 멋진 사람들을 만나게 된다. 어느 나라를 가더라도 내가 처음 찾는 곳은 박물관과 미술관이다. 나라마다 고유한 역사와 전통을 이해하는데 가장 빠른 지름길이기에 나는 많은 시간을 그곳에서 보내며 미술역사나 예술의 상식을 얻는다. 그곳은 다양한 분야에 진열된 수집품들이 살아 숨쉬고 있다. 7백만 점이 넘는 많은 유물을 전시하고 있는 영국의 3대 박물관 중의 하나인 대영박물관(The British Museum), 30만 점 이상과 세계인이 열광하는 묘한 미소의 모나리자를 소장한 프랑스의 루브르박물관(Le musée du Louvre)이나 또는 최고급 규모인 이탈리아의 바티칸미술관(Vatican Museums), 미켈란젤로(Michelangelo)의 천지창조, 최후의 심판 등 수없는 유물들을 보았지만, 그 어마어마한 전시품들을 본다는 흥분도 가시기 전 부담이 되기도 했다.

대영박물관을 제외하고는 입장료를 구매해야 하기에 인산인해를 이룬 관광객 등이 바티칸 교황청 담장을 따라 줄을 서 기다리고 있는 것부터가 나를 질리게 한다. 셀 수 없을 정도로 수없이 많은 유물이 전시된 박물관이나 미술관을 한정된 시간 속에 관람하고 감상하기에는 솔직히 불가능한 일이었다. 프랑스 갈 때마다 모나리자를 만나러 네 번을 루브르박물관에 갔지만, 훼손을 방지하기 위해 만들어 놓은 줄과 밀집된 사람들 사이를 뚫고 가까이 그녀 옆에 가기란 키도 크지 않은 나에게는 큰 숙제거리였다. 그 덕분에 모나리자 그림에 가려 외면을 받는 뒤편에 걸린 '가나의 혼인 잔치'라는 파올로 베로네체의 그림을 감상할 수 있었다. 루브르박물관은 세계 곳곳을 순회하는 전시회를 하지만 박물관 밖으로 나가지 않는 두 작품이 있다고 한다. 하나는 레오나르도 다빈치의 '모나리자'이고 그중에 하나인 '가나의 혼인잔치'인 것이다. 모나리자의 묘한 미소에 홀려 벌떼같이 모인 사람들은 예수님이 혼인잔치에서 기적을 행한 대작 그림을 그냥 지나치고 있었다. 한 벽을 가득 채운 그림이라 먼 거리에서 감상해야 하지만 모나리자에 모인 인파로 그것도 쉽지가 않았다. 남의 뒤통수만 구경하는 일을 대영박물관이나 바티칸미술관에서도 벗어나지 못했다.

그런 이유에서 박물관이나 미술관을 가지 않아도 되는 거리에서 쉽게 만나는 멋진 동상과 예술품의 조각상들을 나는 더 좋아한다. 거리에서 만난 멋진 그들과 나의 사이에는 박물관이나 미술관처럼 경계선도 없으며 입체적으로 만들어진 조각상을 만지며 이제는 만날 수 없는 그들과 마음이 통하는 삶을 함께 이야기하며 나눌 수가 있어 나는 좋아한다. 파리 몽마르트(Montmartre, Paris)에 가면 많은 예술가의 동상을 만나고 런던 거리에서는 정치가나 군인들을 만날 수 있으며, 그리스에서는 신화 속에 나오는 신(神)들을 만날 수 있고, 프랑스, 헝가리 그리고 오스트리아에서는 유명한 음악가, 화가 등등을 만날 수 있다.

그뿐인가, 고궁이나 광장 앞에는 영락없이 동상과 조각상이 여럿이 있다. 어느 나라를 가든지 말을 탄 장군들을 많이 볼 수 있다. 말을 타고 있는 장군이나 황제 동상의 경우, 말이 앞의 두 다리를 모두 들고 있는 동상이면 그 사람은 전쟁터에서 죽은 인물이고, 말이 앞다리 하나만 들고 있으면 그 사람은 전쟁터에서 입은 부상으로 인해 돌아와서 죽은 인물이며, 말의 네 다리가 모두 땅에 있는 동상은 늙어서 자연사로 죽은 인물이라고 한다. 이것은 옛날에 전해온 이야기로 지금은 조각가에 따라 시대의 변천과 함께 의미가 달라질 수도 있다고 한다.

내가 만난 동상 중에 잊히지 않는 동상이 있다. 체코, 프라하(Prague, Czech) 구시가지 오래된 거주지역 길모퉁이에 서 있던 체코의 소설가 프란츠 카프카(Franz Kafka)의 동상이었다. 목이 없고 팔이 없고 빈껍데기 양복의 동상이었다. 텅 빈 양복 동상 어깨 위에는 머리 대신 중절모자를 쓴 작은 사람이 앉아 있다. 처음에는 아주 희귀하게 만들어진 동상에 마음이 섬뜩해지며 무엇을 의미하는지 몰랐다. 노벨문학상 수상자 헤르만 헤세(Hermann Hesse)가 '현대인의 정신상황을 정밀하게 기록하는 지진계'라고 카프카를 평가한 것과 같이 그는 시대를 앞서 살며 세상과 타협하지 못하고 끝까지 아웃사이더(Outsider)로 살아간 사람이었다. 그의 작품인 '어떤 싸움의 기록(Description of a Struggle)'에서 영감을 얻어 만들었다고 한다. 그래서 그런지 불안과 소외를 표현한 카프카의 동상을 이해할 수 있어 친근감을 느낄 수가 있었다.

때로는 예상치도 않은 곳에서 멋진 사람을 만날 수도 있다. 얼마 전 부다페스트 헝가리 시내를 걷다가 전혀 생각지도 않은 미국 배우 콜롬보 형사로 유명한 피터 훠크(Peter Falk)의 실제 실물 크기의 동상을 만났다. 헝가리와는 아무 관계가 없는 애꾸눈의 미국 배우가 그의 독특한 얼빠진 동작인 덥수룩한 머리를 손으로 만지며 친한 친구인 개를 내려다보며 시내 골목길에 서 있었다. 그를 만나니 반가움보다는 왜 콜롬보 형사가 그곳에 서 있는지 궁금했다. 헝가리는 제2차대전 이후 오랫동안 침체한 나라였다. 유럽의 심장부이며, 전통적인 문화, 음악과 역사를 가진 헝가리사람들은 많은 타국의 침략으로 '우리는 항상 혼자'라고 생각하는 국민성을 갖고 있다. 독특한 자부심으로 무엇인가? 국민들에게 유머러스한 정신을 보여주기 위해 미국 배우로 유명한 피터 훠크의 동상을 세웠다고 한다. 동상이라는 것은 사람을 기념하는 것만이 아니고 정신의 길잡이가 되는 하나의 상징이기도 하다.

청동, 대리석 혹은 석상으로 만들어진 멋진 주인공들은 여러 곳의 장소에서 만날 수 있다. 그들은 우직하게 서서, 아직도 자신을 기억하는 우리에게 많은 이야기를 전해주는 것 같다. 아프다고 비명 지르고, 화난다고 욕설하고, 말하고 싶다고 입 밖으로 뱉어내지 말고, 가던 길을 잠시 쉬면서 때로는 침묵하며 생각하는 삶을 살라고 가르치는 것 같다. 지금은 뛰는 심장과 맥박은 없지만, 한때 그들은 정의를 위해 정렬을 불태웠고, 어떤 절망에서도 용감하였고, 지혜로웠으며, 때로는 슬프고 아름다운 사랑도 있었다. 희망이 있는 내일을 바라보며 살았던 멋진 그들. 비바람을 겪으며 닳고, 때가 묻어 지쳐 보이기도 하지만, 어떤 곤경에 처하더라도 변하지 않는 하나의 진리만을 추구한 멋진 사람들. 무엇을 버리고 무엇을 취할 것인가? 자신의 이름을 어떻게 남길 것인가? 인생의 목표가 뚜렷했던 사람들. 그들의 전설 같은 이야기가 살아있는 인간보다도 더 감동적으로 내 마음에 다가온다. 오늘도 움직이지 않는 동상들은 끊임없이 현실과 싸우며 사는 외로운 우리에게 가장 중요한 것은 자신과의 싸움에서 지지 않는 인내심을 기르는 것이라고 묵묵히 전해주는 것 같다.

끝을 생각하며 시작하라.
소중한 것을 먼저 하라
포기하지 마라.
미래를 봐라.

얼마나 좋은 교훈인가? 그래서 나는 거리에서 만나는 멋진 사람들을 사랑한다.

영원히 풀리지 않는 수수께끼

친구로부터 가슴 아픈 이야기를 들었다. 부모와 자식 간의 관계에서 자기중심적이고 이기적인 행동 때문에 여러 사람이 힘들어하는 내용이다. 서로 조금만 양보하며 이해하고 사랑했다면 이런 비극은 생기지 않았을 텐데. 놀란 마음에 한동안 정신을 차릴 수가 없었다.

70년대에 이민을 온 여인의 아들이 부모가 반대하는 결혼을 했다. 아기가 태어난 후 시어머니는 손주를 보러 아들집에 자주 드나들었다. 때로는 설거지통에 쌓여있는 접시와 집안 청소도 말끔히 해주고 돌아왔다. 그러던 어느 날, 며느리는 시어머니에게 불편하니 초청하기 전에는 오지 말라고 통보했다. 그 이유로 가정불화가 발생했다. 너무 분한 시어머니는 역정을 냈고, 시어머니와 며느리 사이에 대화의 벽은 점점 높아졌다. 어머니는 일단 아들을 멀리하고 왕래를 끊었다. 그 일로 고민하던 남편을 지켜본 며느리는 이혼소송을 청구하고 혼자 집을 나갔다. 얼마 후, 연락도 없이 직장에 출근하지 않는 남편을 수상히 여긴 직장동료가 경찰관을 동반하여 집을 방문했다. 그는 2살 난 어린 애와 동반자살한 뒤였다. 남편과 아들을 잃은 며느리는 울부짖으며 법원에 시어머니 접근금지령(Restraining Order)을 내렸다. 아들 장례식에도 참석하지 못한 시어머니의 마음은 어땠을까? 비극 중의 비극이다.

삶의 방식이 서로 다른 가정에서 살아온 두 여인 사이에 남편인 동시에 아들인 그는 감당할 수 없었나 보다. 이해할 수 없는 수수께끼를 풀지 못해 그는 아들을 데리고 세상 밖으로 날아간 것이다. 시대가 변해도 고부간의 갈등이 사라지기엔 어려운 게 현실이다. 시집 식구와 합칠 수 없는 물과 기름 같은 관계가 비극의 결말을 가져왔다.

열 사위는 밉지 않아도 하나밖에 없는 며느리가 밉다는 시어머니의 생각. 남편에게 딸려온 부속품인 시어머니, 시누이, 시동생 등 '시' 자가 붙은 이름만 들어도 '시트레스'를 받는 며느리.

피가 섞이지 않아서 사소한 문제가 하나하나 가슴에 새겨지면 서로 타협의 초점을 못 찾고 평행선을 유지하는 관계이다. 결혼이란 두 사람의 사랑만으로 모든 것이 원만하게 해결될 것 같지만, 생각의 차이를 인정하고 적당한 예의를 갖추지 않는 한 갈등은 영원히 풀리지 않는 수수께끼다.

미국에서 오래 생활하다 보니 나는 요즈음 한국문화와 정서를 잘 모른다. 더욱이 미국인과 결혼을 하고, 미 연방정부에서 평생 일을 했으니 전혀 다른 문화에서 살고 있다. 시대가 너무 많이 변했다. 삶에 대한 생각과 방식도 다르다. 사랑의 관점도 다르다. 세상에 풀지 못할 문제는 없다고 하지만 고부간의 갈등은 풀기 힘든가 보다.

동서양을 막론하고 시어머니에 대한 증오와 갈등은 속담에서도 잘 표현되어 있다. 서양 속담에 '남편의 어머니는 아내의 악마(The husband's mother is the wife's devil.)'라는 말이 있다. '며느리 예뻐하는 시어미 없다'는 옛날 한국 속담도 있듯이 결국 여자의 적은 여자라는 생각이 든다. 이런 고부간의 갈등이 담긴 속담을 해학이라고 웃어넘기기엔 너무 심각하다는 생각이 든다.

행복은 멀리 있는 것이 아니라, 자신이 만들어가는 것이다. 성경 속에서 읽었던 아름다운 고부관계인 시어머니 나오미와 며느리 룻을 바라는 것은 너무 무리한 생각일까? 주위에 있는 친구 자녀의 결혼을 보며 나도 이젠 며느리 입장보다는 시어머니의 눈으로 사물을 보게 된다.

교회 장로님 부부가 하시는 말씀이 떠오른다. 70년대에 이민을 오셔서 열심히 일해 재산을 많이 모으신 분이다. 두 아들에게 나누어 줄 땅도 있고 가게도 있는 여유로운 삶이지만, 어딘지 모르게 허전함을 느낀단다. 그들이 느끼는 허전함이 혹 아들이 결혼하면 며느리에게 빼앗긴다는 생각에서 느끼는 감정이 아니길 바랄 뿐이다.

소유의 꽃은 나눔에 있지 않을까? 그 소박한 진리를 외면하고 살아가는 우리. 오늘보다 내일이 더 아름답길 바라는 마음도 욕심이 아닐는지 싶다. 얻는 것보다 더 힘든 것이 버릴 줄 아는 것이다. 영원히 지닐 수 없는 것에 마음을 담고 사는 것은 불행한 일이기 때문이다. 나는 빼앗길 아들도, 맞이할 사위도 없어 한결 자유로운 편이지만 갖지 못해서 느끼는 감정일까?

고부간의 갈등은 나에게도 영원히 풀리지 않는 수수께끼다.

말의 위력

본인의 의사와는 달리 쉽게 던진 한마디 말(言語)이 시간이 지나면서 눈처럼 부풀려져 오해를 불러일으키는 경우가 있다.

언어가 입힌 상처는 칼로 난 상처보다 더 커 치유되기가 무척 힘이 든다. 그럼에도 불구하고 사람들은 자기의 이익을 추구하려는 목적으로 책임질 수 없는 유언비어를 유포하기도 한다. 특히 정치권에서 폭로로 퍼뜨리는 말들은 많은 사람들에게 올바른 정보를 흐리게 한다. 신뢰를 잃게 하는 현실이 개탄스럽기도 하다.

친구가 마음의 상처를 쏟아내며 나에게 동조(同調)를 구한다. 믿었던 친구에게 받은 상처가 컸던 모양이다. 친구 부부는 몇 년 전 오하이오주에서 이사 온 부부를 만나 금방 친해졌다고 한다. 두 가정은 학력과 나이가 비슷했고 아들과 딸이 있다는 공통점으로 쉽게 가까워졌다. 더욱이 남편들이 골프를 좋아해 같이 골프여행도 즐길 수 있었다고 한다. 친척처럼 가깝게 지냈기에 주위 사람들의 부러움을 받았다. 많은 시간을 같이 보내다 보니 서로의 장단점을 다 알게 된 것이 사고의 원인이 되었다. 믿고 한 말이 밖으로 새어 나가 남편이 오해를 받고 있다고 친구는 괴로워한다. 남편들 사이의 일이니 친구에게 따질 수도 없고, 그동안의 쌓은 정이 한 순간에 무너졌다. 하지도 않은 말이 난무하니 어떻게 수습해야 할지 괴롭다고 한다.

몹시 안쓰럽다. 내용을 들어봐도 뾰족한 해결책이 없다. '소문은 좋으나 나쁘나 3일을 넘기지 못한다'라고 위로를 해보지만 만족한 얼굴이 아니다. 사람들은 풍문(風聞)을 좋아하나 보다.

특히 그 대상이 주위에 잘 알려진 사람이면 사실 여부를 가리기 전에 회오리바람처럼 걷잡을 수 없이 퍼져 나가 수습하기 어렵다. 예나 지금이나 사람들은 말로써 상처를 입고 절망에 빠지기도 한다.

얼마 전 우연히 읽은 글이 떠올랐다. 지혜로운 우리 조상들의 이야기다. 경북 예천군 지보면 대죽리 한대마을에는 고분형태의 대형 '말 무덤'이 있다. 주인에게 충성하고 죽은 짐승의 무덤이 아니다. 언어(言語)의 무덤 즉 '말 무덤(Tomb of Words)' 이른바 언총(言塚)이다. 마을 안내판에 쓰인 것처럼 말 무덤의 유래는 대략 4~5백 년 전에 생겼다. 사소한 말 한마디가 씨앗이 되어 문중 간의 싸움으로 번져 온 동네가 싸움이 그칠 날이 없었다.

문중 간의 다툼을 고민하던 중, 개가 짖는 모양의 마을이라는 풍수지리설에 따라 예방책으로 말 무덤을 만들었다. 개 주둥이의 송곳니쯤 되는 마을 입구에 날카로운 바위 세 개를 세우고 개의 앞니쯤 되는 곳에 바위 두 개로 개가 못 짖도록 재갈바위를 세웠다. 싸움이 발단된 험한 말을 사발에 담아 장사를 지낸 후 산에 묻었다. 그 후 오래지 않아 이 마을은 평온해졌다고 한다. 지금의 예천군은 말 무덤 때문인지 이 고장에 사는 주민들은 말을 조심성 있게 하며 어느 마을보다 화목하고 단합도 잘된다고 한다.

요즈음은 말(言)이 인터넷, 스마트폰 그리고 텔레비전 등 전파를 타고 공중을 날아다닌다. 개인뿐만이 아니라 세계가 주목하던 미국의 선거결과도 난무한 소문과 인신공격으로 진흙탕 싸움이 이어지고 있다. 빗나간 예측으로 하루도 조용한 날이 없이 우리를 실망하게 한다. 비방과 각종 폭로로 얼룩진 오늘의 현실이 안타깝기만 하다. 하루빨리 선거의 후유증에서 벗어나 신뢰할 민주사회로의 전환을 위한 각성운동이 필요한 것 같다.

얼마 전 본 영화가 생각난다. 전투장에 나가는 한 조종사가 동료에게 하는 말이 생각난다.

"I have your 6."

시계방향의 6은 동료의 등, 즉 내가 네 뒤를 보호하니 걱정하지 말라는 우정과 사랑이 담긴 말이다. 생명을 걸고 적지로 임무 수행을 위해 돌진하는 두 조종사가 나누는 말. 얼마나 믿음직한 말인가? 마치 천사들이 주고받는 대화같이 내 마음을 울렸다. 진심이 담긴 말이 나의 마음을 움직여 감동을 유발한 것이다.

우리는 늘 사람을 만나며 산다. 누군가와 필연적으로 관계를 맺으며 나 자신과 사회 속에서 의미가 있기를 원한다. 미국의 사상가 랄프 에머슨(Ralph Waldo Emerson)은 '사람은 누구나 자신이 하는 말에 자기의 초상을 그려놓는다'라고 했다. 사람과 사람이 함께 살아갈 때 지켜야 할 언행을 바르게 하라는 충고로 느껴진다. 그럼에도 불구하고 현실은 매우 부정적인 방향으로 흘러가고 있다. 본인이 했던 말을 자기가 기꺼이 책임지게 하는 규제가 따른다면 지금보다 훨씬 신뢰가 쌓이는 사회가 되지 않을까 생각한다.

누구에게나 약점과 허물이 있다. 남의 험담을 즐기는 것보다 허물을 덮어주는 배려가 있다면 얼마나 좋을까? 우리는 남을 칭찬하는 것에 너무 인색하다. 작은 일도 칭찬하면 따뜻한 사회가 되지 않을까 싶다. 세상에 맞는 말이지만 맞으면 아픈 말이 너무 많다. 친구가 입은 상처가 나와의 대화를 통해 조금이라도 해소됐으면 하는 생각을 조심스럽게 해본다. 슬픔도 함께 나누면 반으로 준다는 말처럼 한결 가벼운 마음으로 세상을 살아갔으면 좋겠다.

연일 추위가 맹위를 떨치고 있다. 겨울이 아름다운 건 새봄이 온다는 기약 때문일 테다. 서로에게 따뜻함을 느낄 수 있는 희망 가득한 날이 왔으면 좋겠다. 오늘은 누군가에게 부드럽고 포근하며 사랑스러운 말을 전하는 나의 'The Golden Rule'의 하루가 되고 싶은 날이다.

다 지나간다

배가 천천히 네바 강(River Neva) 연안을 따라 움직인다. 구름과 갈매기 때문일까? 하늘이 유난히 청명해 보인다. 명징(明澄)한 하늘에 높이 뜬 물새가 아침 햇살에 반사되어 아름답게 보인다. 마치 잘 가라고 손짓하는 것 같이 가볍고 부드러운 날갯짓으로 푸른 하늘에 향연을 펼친다.

나는 왜 갈매기를 보면 외로움이 묻어나는 느낌이 들까? 발코니에 서서 빵 한 조각을 던져 준다. 갈매기는 화살처럼 날렵한 몸짓으로 정확히 먹이를 가로채 갔다가 다시 돌아오기를 반복한다. 신비로운 공중 비행술이다.

배는 굴곡진 해안선을 따라 점점 빠른 속도로 상트페테르부르크(Saint Petersburg) 항구를 벗어난다. 뱃전에 부딪히는 파도

소리가 세찬 바람소리로 들린다. 시원하다 못해 서늘함마저 느낀다. 더 이상 갈매기의 울음소리는 들리지 않는다. 러시아의 긍지와 영광을 누리던 화려한 왕조들의 고향인 황금의 도시가 눈앞에서 점점 사라진다. 여름 해가 지지 않는 백야의 나라. 아쉬움이 파도 같이 밀려온다. 못다 한 정을 두고 떠나는 마음이 아픔으로 밀려온다. 내가 한때 그리도 좋아했던 곱슬머리의 남자가 떠오른다.

눈을 감는다. 보이는 것이 참 많다. 가슴 깊이 숨겨 든 슬픔이 다 채우지 못한 붉은 심장의 고동소리 따라 숨결처럼 온몸에 퍼진다. 인간은 누구에게나 숨기고 싶은 고통이 있다. 각기 색깔은 다르지만 슬픔과 비애가 있다. 삶은 언제나 현란한 빛을 타고 나에게 다가오지는 않았다. 사람과 사람을 맺는 관계 중에서 상처가 가장 깊게 남는 것은 부부관계에서 오는 아픔이다.

남편의 배신이란 무게가 점점 감당하기 어려웠다. 하루하루가 지옥 같았다. 이해는 할 수 있어도 깊은 상처의 아픔은 쉽게 용서할 수가 없었다. 세월이 가면 이해되고 용서를 할 수 있지 않을까? 시간은 늘 새로운 변화를 주기에 빨리 늙었으면 좋겠다는 생각도 했다. 삶의 모순을 이해하기 위해선 시간이 필요했다. 부부가 함께 사는 것은 나만 어려운 것이 아니라 상대에게도 어려움이 있다는 사실. 서로가 다르기에 다툼과 갈등이 계속되고, 시대 흐름에 따라 인간은 변하고 사랑도 변한다는 진실을 알게 되었다. 이 세상은 내가 원하는 대로 다 될 수가 없다는 진리를 깨달았다. 그 후 고독한 투쟁과 집착을 내려놓고 행복이 다 빠져나간 빈자리를 혼자 걸어왔다.

나는 여학생 때 동경했던 곱슬머리의 남자를 생각했다. 모스크 광장에서 소경 걸인에게 한 편의 시를 써준 천재시인 알렉산드르 푸시킨(A. S. Pushkin)이다. 푸시킨의 시는 나의 슬픈 영혼을 치료했다. 그의 시 한 구절 한 구절이 나의 큰 희망이고 나의 아픔과 고통을 잠재우는 피난처요, 위로의 진정제였다.

삶이 그대를 속일지라도
슬퍼하거나 노여워하지 말라
서러운 날을 참고 견디면
즐거운 날이 오고야 말리니, 왜 슬퍼하는가?
마음은 미래에 살고
현재는 언제나 슬픈 것
모든 것은 순식간에 지나가고
흘러간 것은 훗날 소중하게 여겨지리라

Should this life sometime deceive you,
Don't be sad or mad at it!
On a gloomy day, submit
Trust, fair day will come, why grieve you?
Heart lives in the future, so

All is fleeting, all will go
What is gone will then be pleasant

푸시킨의 추억은 오래전으로 거슬러 올라간다. 봄을 꿈꾸었던 여학생 때 인생이 무엇인지 또한 푸시킨의 시 내용도 모르면서 단지 세계 최고의 시인이라는 사실 하나만으로 그의 시를 좋아했다. 그의 시집을 들고 다니면 문학소녀가 된 기분으로 나는 우쭐했다. 모든 것을 잃고 난 인생의 막다른 골목에서 다시 읽어 본 그의 시는 나를 따스하게 위로해주는 희망의 손길이었다.

만약 질곡 많은 삶을 살지 않았다면 나는 그의 시를 다시 애독하지 않았을 것이다. 그 후 그의 생애를 알고 나니 그에 대한 애착과 아쉬움이 한층 더 다가왔다.

한 폭의 풍경화처럼 그늘진 곳에 앉아있는 그의 동상 앞에서 나는 그에게 많은 말을 묻고 싶었다. 왜 무엇 때문에 그리도 소중한 목숨을 버렸느냐고 따지고 싶었다. 사랑이 무엇이고 명예가 무엇이냐고 묻고 싶었다. 혈기왕성한 25세의 근위장교와 행실 좋지 못한 14년의 나이 차이가 있는 아내 사이의 풍문으로 비극의 결투를 신청한 펜대만 굴리던 38세의 문인. 이미 승패는 정해진 것. 목숨보다 명예가 더 중요한 것이었는지? 복부에 중상을 입고 이틀 후 자택에서 숨을 거두면서 유언처럼 남긴 말, "아내는 책임이 없다."는 일편단심의 사나이. 과연 그는 자기 삶의 주행거리를 알았다면 같은 결정을 했을까? 그가 원하는 사랑은 과연 무엇이었을까? 그가 죽은 후 몇 년 뒤에 러시아의 장군과 재혼한 아내였나? 혹은 그는 명예란 이름의 노예였던가?

그의 시처럼 "삶이 그대를 속일지라도 한 번만 눈 감고 속아주었다면 기쁨의 날이 왔을 텐데" 애통하기 그지없다. 어려운 시대를 사는 우리에게 고뇌를 어떻게 해결하는 것이 바람직한지 삶을 견디는 희망의 빛을 암시하는 푸시킨의 명언들. 나의 좌절된 어둠의 세계를 밝혀준 별과 같던 그의 시.

영혼이 담긴 목소리로 그는 나의 메마른 땅에 희망의 나무를 심어주었다. 그 나무는 고난과 슬픔 위에 자라 가을의 풍성한 열매를 수확하며 삶을 견디는 기쁨의 열매를 맺게 되었다. 고통은 사람을 부드럽게 만들고, 강철같이 단단하게 만들어 준다.

조금만 그가 더 살았으면 주옥같은 작품으로 우리의 슬픔과 비애를 버릴 수 있는 용기와 지혜로 새로운 삶의 희망을 주지 않았을까? 고통을 잘 이겨내는 방법을 아는 사람은 인생의 절반 이상을 산 것이라는 말이 생각난다. 여행자들에게는 상트페테르부르크 여행이 화려하고 찬란한 역사의 황금도시로 다가오지만, 나에게는 내가 겪은 아픔들을 견딜 수 있게 용기를 준 시인이 잠든 곳이기에 더욱 마음이 아픈 곳이다.

뱃고동이 한 줄기 바람으로 내 마음을 두드린다. 갈매기가 날아간 빈 하늘에 곱슬머리 천재시인의 죽음을 애도하는 찬비가 내 마음에 내린다. 마음을 열고, 한 걸음 뒤로 물러서 본다. '세월이 가면 모든 것은 다 지나간다'는 시인의 말을 혼자 중얼거린다. 누구나 공감할 수 있는 명언이 있기에 내가 아직도 살아있고, 높은 곳을 향해 비상을 꿈꾸는 아름다운 아침 태양도 즐길 수 있다는 생각에 잠겨본다. 흐르는 것은 바닷물만이 아니다. 시간과 함께 모두가 흘러간다.

인연을 추억하며

크리스마스카드가 쌓인다. 올해는 연중행사처럼 주고받는 크리스마스카드는 물론 선물교환도 하지 않기로 마음을 접었다.

내 생각과는 달리 매일 카드가 날아온다. 가까운 이웃에서부터 한국, 호주 심지어는 중동에서까지 소식이 온다. 모두 잊지 않고 정성껏 써서 보낸 글이다. 스쳐간 인연들이다. 잊고 있었던 지난날의 그리운 얼굴들이 한 줌의 햇살로 여민 나의 옷깃 사이로 스며든다.

마음이 아프다. 들려오는 소식마다 암담한 내용이다. 오늘 받은 카드는 국장님 부인이 보낸 소식이다. 얼마 전부터 국장님은 이동식의자(Electric wheelchair)에 앉아 손녀 손자의 방문을 즐긴다고 한다. 그분을 생각하니 눈시울이 붉어진다. 내가 국장님을 만난 것은 1994년 크리스마스 때였다. 생활에 무력함과 정신적으로 힘든 상황에 나는 하와이를 떠나 환경을 바꾸고 싶었다. 그 당시 국무성 예산부족으로 공무원 자리는 모두 동결되었기에 직장을 옮기는 것이 무척 힘들 때였다. 나는 친구가 사는 미국 서북 오리건으로 연말 휴가여행을 갔다. 전화번호부에서 찾은 포틀랜드 국방부 계약국에 전화하여 국장에게 인터뷰를 요청했다. 나의 이력서를 본 국장은 얼마 후 자리가 나자 인사처를 통해 나를 채용했다. 행운의 여신이 나에게 다가온 그곳에서 나는 젊음을 바쳐 일했다.

국장이 퇴직한 후 나는 국방부에서 BPA(Bonneville Power Administration)로 직장을 옮겼지만, 20년 넘게 같이 일하던 동료들의 만남은 계속되었다. 지금은 국장님을 비롯하여 퇴직한 친구들이 하나 둘 포틀랜드를 떠나 따뜻한 남쪽으로 이사도 했고, 또한 자주 다니는 여행으로 만남의 수는 점점 줄어들었다.

어제는 친구 부인에게서 전화를 받았다. 남편은 무릎수술 예정이고 본인도 손을 다쳐 크리스마스카드 대신 전화를 했다. 친구가 수술 후, 한동안 여행을 못 할 것이니 캘리포니아 Apple Valley를 지나는 길이 있으면 꼭 들러달라는 부탁이다. 그와의 인연은 하와이 국방부 계약과에 일할 때부터인 1983년부터 햇수로 33년이 된다. 직종이 같다 보니 같은 곳에서 여러 번 일해서 부인과도 친한 사이가 되었다. 정구와 수영을 즐기던 친구였다. 평생 정구를 치더니 무릎에 무리가 온 것 같지만 나이 탓이라고 부인은 말한다. 어찌 되었든 오래간만에 오는 소식들이 모두 우울하다.

벌써 그런 나이가 되었나? 세월의 흐름에 보석 같은 추억을 더듬어 본다. 한국에 나가 미8군, 계약관(Contracting Officer)으로 일할 때다. 국방부 서비스 계약과(Contracting Division, Service Branch)에는 과장을 비롯하여 모두 28명이 4팀으로 나눠졌다. 같은 하와이에서 온 사람들이 팀장이 되었다. 나와 3명의 남자 팀장은 'Work hard and Play harder'라는 슬로건(Slogan)을 걸고, 일도 열심히 하고 놀기도 열정적으로 즐겼다.

목표의 달성을 위해 연장근무는 물론 주말에도 함께 일을 했다. 고정된 시간 속에 재정예산을 쓰기 위해서는 자정까지 일한 적도 있다. 주말이면 함께 어울려 식사를 했고, 때로는 지하철을 이용하여 명동으로 나가기도 했다. 자동차로 나가는 경우 운전은 술을 못 마시는 나의 몫이었다. 피곤을 모르고 일했던 황금기 시절 이야기다. 지금은 각기 다른 들판에서 무엇을 하고 있는지? 어- 하는 사이에 흐르는 시냇물처럼 세월이 흘렀다.

쓰지 않으려고 생각했던 크리스마스카드를 꺼낸다. 주소록에 기록된 얼굴을 그려본다. 서로 인연이 되어 만나게 됐고 긴 시간 같은 공간에서 희로애락(喜怒哀樂)을 같이 한 친구들이다. 짜릿하게 내 속을 훑는 한 잔의 와인 같은 친구. 가파른 삶을 같이 오르던 친구. 잔설같이 남아있는 그리움을 외면하기에는 세월이 녹아내리는 흐름이 너무 빠른가 보다. 그리운 사람 그리워하며 작은 것에 감사하며 행복을 비는 마음에서 글을 쓴다. 지난날의 즐거웠던 추억 하나하나가 카드 위에서 춤을 춘다. 그들과 나누는 흘러간 이야기들이 파노라마로 비춰져 밤은 점점 깊어간다. 환상의 그림으로 지난날의 얼굴을 떠올리며 대화를 나누는 나의 입가에는 어느새 뭉게구름처럼 웃음이 피어오른다.

잠시 잊으려고 마음을 접었던 나의 생각이 착각이었음을 느낀다. 내 인생의 소중한 인연들을 혼자 끊겠다고 행동에 옮긴 나 자신의 어리석음이 연말을 넘기지 못하고 주저앉고 말았다.

아마도 내가 이 세상을 살아가는 동안 놓지 못할 인연의 끈들은 소중히 간직해야 될 것 같다.

나의 소중한 친구

신발장을 정리한다. 많은 여성이 구두를 좋아하는 것처럼 나도 예쁜 구두를 보면 갖고 싶다. 영화 '섹스 앤 더 시티(Sex and the City)'에 나오는 Sarah Jessica Parker는 월세 낼 돈은 없어도 새로 산 구두를 신고 뉴욕 맨하튼을 활보한다. Sarah처럼 Shoeaholic은 아니지만 디자인이 멋진 구두를 보면 신고 싶은 욕망에 수집한 구두가 꽤 많다. 여성들에게 구두는 패션의 완성을 의미한다. 필리핀 마르코스 대통령 부인 이멜다 여사가 소유했던 3천여 켤레의 구두는 미(美)를 추구하는 여자의 마음을 투명하게 보여준 예다.

구두에 대한 이야기는 동서양에 많이 전해지고 있다. 신데렐라의 유리구두, 덴마크 안데르센의 빨간 구두, 하늘을 나는 마법의 신발 그리고 한국의 콩쥐 팥쥐 이야기다. 유리구두는 신데렐라의 신분을 바꾸어놓았고 한 사람의 발에만 맞는 신기한 꽃신은 계모 밑에서 학대를 받던 평범한 콩쥐에게 행운을 가져다주었다.

신발은 우리에게 유익한 소유물이라 자칫 하찮은 것으로 생각하기 쉽지만, 예로부터 인류 문명의 상징이며 인간의 진화와 함께 발전해 왔다.

과거에 노예는 신발이 없었다. 신발은 평범한 인간에게 놀라운 힘을 부여하기도 하고, 신분을 말하기도 한다. 로마 시대에는 신분에 따라 색깔과 그림으로 샌들을 만드는 법을 정했다.

1922년 투탕카멘(Tutankhamen)왕 무덤에서 발견된 샌들에서는 금과 구슬이 장식되었고, 신발 바닥에는 굴복시켜야 할 원수들의 그림이 그려져 있었다. 신발은 힘과 권위의 상징이다. 자신보다 신분이 높은 사람 앞에서는 신발을 벗는다. 신발을 벗는 것은 자신을 낮추고 상대를 높이는 것이다. 지금도 무슬림은 신발을 벗고 엎드려 기도한다. 온 땅을 밟고 다닌 불결함과 내 권위, 확신과 명예, 내 삶의 집착과 오욕을 벗고 맨발로 겸손하게 서는 것이다. 형틀을 매고 채찍을 맞으며 골고다로 가신 예수님의 발도 분명 맨발이었다. 신발은 힘과 권위의 상징이기도 했다.

한국인이 가장 많이 꾸는 꿈의 하나가 신발 꿈이라 한다. 우리와 늘 함께하는 생활물품이기에 꿈에서도 보이나 보다. 신발을 얻는 꿈은 큰돈과 기쁨이 생기는 행운의 꿈이고 신발을 잃어버리면 싸움, 손실과 질병 등 좋지 않은 꿈으로 해몽된다. 신발은 긍정적인 것도 있지만, 비관적인 것도 있다. 신발에 대한 생각은 한국과 서양이 다르다. 문화적 차이에서인지 자살하는 한국인들은 신발을 가지런히 벗어놓고 강물에 뛰어든다. 미국의 'Golden Gate Bridge'는 아름다운 황금빛 다리지만, 자살 명소라고 불린다. 이곳에서 많은 사람이 강물에 투신한다. 그러나 신발을 벗고 뛰어내리는 사람은 없다. 어떤 심리학자의 말에 의하면 신발은 자아(自我)를 의미한다고 한다. 신발을 버린다는 것은 자신을 버리는 행위다. 왜 신발을 벗을까? 자기의 마지막 흔적을 남기기 위한 행동일까?

흔히 인생은 마라톤에 비유한다. 나의 삶을 돌아본다. 어려운 훈련을 통해 자신을 단련시킨 쇼트트랙 선수처럼 매일 뛰었다.

이민 1세대의 직장생활은 피나는 노력의 연속이다. 한눈을 팔면 선두에서 밀려나기 일쑤다. 수없이 포기하고 싶은 고통스러운 긴 시간 나 자신을 일으켜 세우는 용기가 필요했다. 균형 잡힌 몸으로 노련하게 질주하는 동료를 보면 엄청난 좌절감이 덮치기도 했지만, 오직 금메달만을 생각했다. 오늘보다 더 나은 멋진 미래를 위해 끊임없이 나를 단련해야 했다. 오늘을 견디는 힘, 그 힘이 내가 살아가는 삶의 의미가 되었다. 그 의미의 중심에는 나와 함께했던 신발의 몫도 크다. 그 어려운 시기에 함께 했던 구두가 지금도 내 곁에서 힘을 주고 있다.

잘 신지 않는 구두가 신발장에 나란히 자리잡고 있다. 내 자존심보다 콧대 높은 구두굽을 바라본다. 갑자기 허리가 아프고 넘어질 것 같다. 굽이 높은 신발을 신고 독수리처럼 위풍당당하게 낮은 곳에서 가장 높은 곳까지 사무실을 휘두르고 다닌 구두. 때론 무거운 몸을 옮기며 나와 함께 지쳐버렸던 구두. 상처를 안고도 사명을 다한 나의 다정한 벗이다. 꿈을 향해 내가 가고 싶은 곳을 거부감 없이 동행한 가장 가까운 나의 친구들이다.

아껴주지 못하고 함부로 부려먹은 무릎이 신음소리를 낸다. 굽이 낮은 구두만 남기고 하나하나 정리를 한다. 굽이 높은 구두를 버린다고 나의 자아(自我)가 낮아지는 것은 아니다. 낮은 굽은 나의 작은 키를 더 작게 만들지만, 이젠 편안함이 더 좋다. 안락함이 느껴지는 이유는 오랜 세월 내가 만들어 놓은 엄격한 규율과 속박 같은 짐에서 벗어난 안정감이기 때문이다.

나뭇가지에 눈이 쌓인다. 가슴이 따뜻해진다. 이제는 한결 편안한 신발을 신고 풍요로운 축제의 여행을 준비할 때가 된 것 같다. 심복처럼 헌신과 충성으로 나와 함께한 소중한 친구들이 있기에 나는 행복하다. 아침마다 신발장을 열어 내 분신처럼 따르는 각기 다른 모양의 신발들과 진한 사랑에 빠질 수 있는 오늘이 좋다.

다름과 틀림

새벽을 여는 소리에 귀를 기울인다. 희뿌연 밝음이 자욱한 안개를 태우며 서서히 창을 두드린다. 이 시간에 찾아오는 참새 소리가 조용한 공기를 가른다. 두 시간 전부터 책상에 앉아서 글을 쓰며, 처마 끝에 앉아 새벽하늘을 향해 합창하는 새의 노래를 듣는다. 하루가 열리는 소리다.

요즈음 하는 일이 점점 어려워진다. 해야 할 목표가 정해지면 앞만 바라보던 젊은 날이 그리워진다. 그때는 못할 일이 없었다. 옆도 안 돌아보고 내가 할 일이라 생각되면 달려갔다. 내 모든 지식을 동원하여 아무리 어려운 일도 열심히 뛰며 많은 일을 성공적으로 이끌어 왔다. 그때는 세상에 도전할 수 있는 비전과 자신감이 충만했다. 심장의 고동을 들으며 미래를 향했다. 주어진 일이 끝날 때마다 나는 내 어깨를 두드리며 승리의 자축을 하지 않았던가? 그렇게 보낸 33년의 직장생활. 뛰며 살아온 지난 생활에 나는 만족한다.

얼마 전에 작은 단체의 회장직을 맡았다. 전에 했던 일처럼 연방정부 입찰에 공모하는 수많은 응모자에게 댐공사나 건설 공고를 설명해야 하는 것도 아니었다. 한국인으로 구성된 작은 단체를 이끌고 간다는 것은 내가 하던 일에 비하면 쉬울 것 같다고 생각했다. 시작하는 날부터 업무가 완성되는 날까지 한 치의 오차도 있을 수 없는, 수십억 불의 공사 서류와 인원 동원을 관리하는 것도 아니다. 계획하고 또 재검토해도 현장에서 예기치 않던 일이 일어나 사건을 수습해야 하는 일도 아니다. 언어 교환 소통의 장벽이 없고 같은 문화권에서 이민 온 사람들과 함께하는 일이기에 어렵지 않을 것이라는 내 생각은 오래가지 않아 무너지기 시작했다. 나의 바람과 현실은 생각보다 많이 다르다는 것을 알게 되었다.

사람이 사는 곳은 어디나 마찬가지인 것 같다. 같은 언어를 사용하는 한 민족이라고 해도 살아온 생활이 다르니 생각과 행동이 다를 수밖에 없다. 사람과 사람 간의 관계가 세상일 대부분을 결정짓듯이 인간관계는 그만큼 힘들다. 나는 계약관이란 직업이었기에 업무상 주로 많은 남자와 함께 일을 했다. 오랜

직장생활에서 다양한 계층의 많은 사람과 소통하다 보니 사람을 이해하는 것이 가장 중요하다는 것을 알게 됐다. 모든 일을 전문 직업의식(professional manner)으로 생각하고 예의와 이해로 자기의 할 일을 하면 된다. 그것이 성공적인 팀워크(Team work)의 핵심이고 성공의 첫걸음이기 때문이다.

어떤 모임이든 잡음과 반대 의견은 꼭 있는 법이다. 그러나 전혀 엉뚱한 곳에서 예상하지 않던 일이 발생할 때, 의지와 경험을 토대로 할 수 있다고 믿던 나는 땅속 깊이 추락한다.

전문적인 직업의식을 가진 나는 연속적인 회의로 하루를 보내기도 했다. 업무상 상사에게 결과를 보고하며 지시를 받아야 했다. 상사의 사무실 문이 닫혀 있으면 노크를 하고 허락받은 다음 들어가서 문을 닫고 대화를 나눈다. 조직문화 사회에서 그런 행동은 이상하게 볼 이유가 없는 일상이다. 직장동료들은 남의 일에 상관하지 않기에 한 번도 문제가 된 적이 없다.

그런 직장생활에 익숙한 나의 행동에 태클이 들어왔다. 한국 사회에서는 남자 상사 사무실에 들어갈 때는 문을 열어 놓아야 한다고 나를 지탄하는 내용이었다. 이것이 한국 사람의 윤리라고 한다. 19세기도 아닌 IT(Information Technology) 정보기술시대에 미국에서 일반적으로 통용되는 일이 한국 사회에서는 걸림돌이 될 줄은 미처 몰랐다. 그뿐인가? 남자를 동료로 생각하고 친절하게 대한 나의 행동도 책망을 받았다. 나의 친절이 상대방

부인의 기분을 언짢게 만든다는 내용이다. 내가 살아온 세계와는 전혀 다른 문화적인 차이에 어안이 벙벙했다.

남이야 어떻게 생각하던 나는 부끄러울 일이 없으니 소신껏 밀고 나가야 한다는 것은 알고 있지만, 같은 한국인이기에 마음이 더 쓰이고 생각이 깊어졌다. '30년이면 1세대'라는 말이 있을 정도로 빠르게 변화하고 있는 문화생활과는 너무 대조적인 현실이다. 자기 주관과 다르면 틀렸다고 생각하며 배척하는 말을 들었을 때 너무 어처구니없고 황당했다. 미국직장에서 근무할 때도 문화 차이를 느껴 이방인이라고 생각한 적이 있었다.

그러나 같은 민족 속에서도 이방인이 될 수 있다는 데 놀라움이 컸다. 나의 사람됨과 성실함을 동족보다 미국사회에서 더 인정을 받았다는 생각을 하니 서글픈 마음이 들었다.

얼마 전 흑인 동네에서 장사하던 한국분의 글을 읽었다. 손님의 80%가 흑인이고, 그밖에 15%가 백인, 5%가 그 마을에서 장사하는 한국사람이었다. 그런데 그 5%의 한국사람이 제일 말썽을 부리기에 차라리 오지 않는 것이 마음이 편하다는 글이었다. 같은 한국인으로 자존심이 상했다. 민족성일까?

중국인들은 장사할 때 하나의 법칙이 있다. 절대로 동족이 하는 사업장 인근에서 같은 가게를 하지 않는다는 원칙이다. 그런데 한국인은 사업이 잘되는 가게 옆에 동종업종을 차린다. 상호 간 협력하지 않고 동족 간에 뒤통수를 친다. '사촌이 논을 사면 배가 아프다'는 속담을 달고 다니는 민족이다. 상호 간의 협동심과 단합정신으로 이루어진 공동체의 중심인 미국사회와는 다른 세계다. 오늘은 나도 한국 속에서 외로운 외국인이 된 기분이다.

흔히 서양인들은 개인주의고 자기밖에 모른다고 생각하지만, 기본적으로 남을 배려하는 마음이 있다. 문화와 배경이 다르나 직장에서 만난 동료들은 서로 존중하고 이해하며 협력한다. 각 개인의 성격에 따라 다르지만, 자기의 인격을 존중받고 싶은 만큼, 상대의 생각도 존중해 준다. 자기 생각과 큰 차이가 있어도 상대방을 비방하기보다는 서로의 '틀림'이 아닌 '다름'을 인정할 줄 안다. 다양한 문화와 환경에서 서로의 다름과 틀림의 차이를 인정하는 것이다. 결국, 사람과 사람들끼리 하는 일이니 친분과 신뢰가 중요하다는 것을 알고 있기에 기본만은 잘 지킨다.

미국의 최고의 커뮤니케이션 전문가인 조나단 로빈슨(Jonathan Robinson)은 사람과의 관계에서 가장 큰 갈등은 바로 '대화 방법의 차이와 몰이해'이라고 한다. 상대방을 이해하는 것이 무조건 그쪽 의견에 동의하거나 당신이 틀리고 그 사람이 옳다고 말하라는 게 아니다. 그 사람의 말과 행동을 인격적으로 존중해 주는 것이다. 로빈슨의 말대로 서로의 인격을 존중하는 것과 이해하는 것이 가장 기본적인 사회생활이라고 생각된다.

사람마다 사고방식이 다르기에 사물을 보는 눈이 다르고, 사물에 대한 인식이 다르기에 행동이 다르게 나타난다. 사는 법이 다르다고 혹은 신념이 다르다고 틀린 것은 아니다. 이것은 사고와 의식의 차이다. 상대방의 입장, 그 사람이 옳다고 믿고 있는 사실을 당연히 그럴 수 있다고 귀 기울이고 받아들이고 싶다. 사람에 따라 다를지라도 모든 이야기는 반드시 배울 점과 새겨야 할 것이 있다고 생각한다. 상대방을 품을 줄 아는 마음가짐. 공동생활에 필요한 정신적 관대성. 서로 다르기에 서로 어울려 살아갈 수 있는 것이 아름다운 것이 아닐까? '틀림'과 '다름'을 인정할 줄 아는 사람으로 하루를 보내고 싶다. 사물에 대한 박식(博識)보다는 분노의 조절로 충돌을 피하는 따뜻한 하루가 되었으면 한다.

이름 없는 영웅들

환한 웃음을 띤 남편이 데이트 신청을 한다. 내가 보면 즐거워할 새로운 영화가 나왔다며 점심과 영화를 보면서 나와 함께 하루를 보낼 심사다. 오늘처럼 스산하게 비가 내리는 날이면 기분전환으로 잠시 머리를 식히는 것도 좋을 것 같아 기분 좋게 허락을 했다.

우리가 본 영화는 세계 2차 대전(1945) 전쟁이 기울어갈 즈음, 나치에게 빼앗겨 자칫하면 불에 소각될 명작 예술품을 찾아오는 실화를 영화(The Monuments Men)로 만든 것이다. 독재자 히틀러는 침략국으로부터 기업적 규모의 미술품을 긁어모아 은밀한 곳에 숨겼다. 또한 현대미술을 인정하지 않았던 히틀러는 몰수한 미술품 중 그가 인정하지 않은 작품은 외국에 팔아 전쟁비용으로 사용했고, 불에 태우기도 했다. 그가 지하 벙커에서 사망할 때까지 줄곧 오스트리아 린즈(Linz, Austria)를 고향이라고 여겼다. 그는 린즈에 최대형 총통박물관(Fuhrer Museum)을 짓기 위해 어마어마한 건축비 1억 2천 마르크를 쏟아 부을 작정이었다. 히틀러는 어린 시절부터 미술에 관심이 있어 건축물을 주로 그렸다. 약탈한 세계 걸작 예술품으로 바티칸미술관 또는 루브르박물관 그리고 영국대박물관의 규모를 능가하는 가장 우수한 미술관을 직접 설계하여 짓는 것이 그의 꿈이었다.

전쟁 막바지에 나치가 훔쳐간 문화유산을 되찾기 위해 연합군 특수 결사대가 구성되었다. 미술역사학자, 미술관 관장, 건축가, 조각가, 미술거래상, 그리고 예술품 감정가 전문인 등으로 구성된 이들은 345명의 군인과 함께 1천여 곳에 숨겨진 불후의 명작을 찾아 포화 속으로 돌진한다. 전황이 불리한 히틀러는 도로, 교량을 모두 파괴하라는 명령을 내린다. 약탈한 문화재를 돌려주기보다 없애겠다고 폭탄을 장치한 상황이었다. 분초를 다투는 숨 막히는 순간들이 계속된다. 언제 잿더미가 될지 모르는 최고 예술품과 보물인 문화재를 찾아오려고 목숨까지 버린 이름 없는 영웅들.

인류역사상 중요한 작품중의 하나인 미켈란젤로 조각품인 성모와 아기 예수상(Madonna of Bruges), 반 다이크, 반 고흐 그리고 고갱 등의 미술품은 소각되기 전 소금광산인 '알타우세

(Altaussee)'와 '노이슈반슈타인(Neuschwanstein Castle)' 고성에서 찾아내는데 성공했다. 소금광산에서만 회화 66,577, 수채화 230, 판화 954, 조각 137, 무기와 갑옷 129벌 등 트럭 80대 분량이 쏟아져 나왔다. 손에서 땀이 날 정도로 영화의 줄거리는 감동과 흥분으로 숨 가쁘게 이어졌다. 더욱이 '성모와 아기 예수상'은 몇 년 전 벨기에서 본 조각상이기에 남다른 깊은 감회로 다가왔다. 명작을 지키겠다는 사명감으로 희생한 그들. 역사에 길이 남을 영웅 중의 영웅. 목숨을 걸고 찾은 작품들은 각기 소유주와 국가에게 돌려주는데 약 6년이란 시간이 걸렸다. 그들의 공헌으로 현재의 불후의 명작 수많은 예술품이 세계 여러 미술관과 박물관에 보전되어 우리 자손들에게 전해줄 수 있으니 그들의 숨은 공로는 지구상에서 영원히 사라지지 않을 것이다.

역사는 살아 움직이고 있다. 이름 없는 영웅은 유럽과 미국에만 있는 것이 아니다. 고종황제가 일본정부에 의해 강제로 물러난 후 여생을 보낸 덕수궁은 경운궁이란 이름에서 덕수궁으로 궁호가 바뀐 조선시대의 사적 124호의 궁궐이다. 조선왕조와 대한제국의 영예와 비운의 역사가 서린 수난의 궁궐. 일본 식민지의 뼈아픈 을사조약을 체결한 역사의 현장. 현대사의 비운의 역사가 가장 많이 간직된 조선 왕조 최후의 궁궐. 고종이 승하한 장소인 함녕전과 보물 819로 지정된 중화전과 석어당,

정관헌, 대한문 그리고 중화문 등이 한 순간에 폭격으로 영원히 사라질 순간이 있었다. 인류의 역사는 전쟁의 역사다. 전쟁은 모든 것을 뺏어간다. 전쟁에 무고한 생명이 희생되고, 소중한 문화재도 유실되고 파괴된다. 우리의 소중한 문화재 덕수궁도 역사의 갈림길에서 미국의 한 장교에 의해 보전되었다.

미국 출신 James Hamilton Dill은 아버지의 뒤를 이어 육군에 지원했다. 한국전쟁 당시 인천상륙작전에 참여한 그는 포격지점을 지시하는 중책의 책임을 맡은 장교였다. 덕수궁 안에 중공군과 북한군 수백 명이 집결 중이니 폭격하라는 지령을 그는 상부로부터 받았다. 적군을 전멸할 수 있는 좋은 기회였다.

군인은 명령에 복종해야 한다. 덕수궁을 폭격하면 적군을 전멸할 수는 있지만, 오래된 조선의 역사를 가진 유적이 영영 사라지기 때문에 그는 고민을 했다. 제2차 대전 때 독일군의 사령부로 쓰였던 'Montecassino Abbey'의 전투를 생각한 그는 적군이 덕수궁을 빠져나갈 때가지 폭격을 중지했다. 만약 적군이 덕수궁을 나와 남쪽으로 전진한다면 UN군에 많을 사상자가 생기는 크고 위험한 결단이었다. 그의 전략은 성공했다. 천행으로 적군은 동·북쪽으로 이동함으로 그는 포격명령을 내려 자신의 본분과 덕수궁을 보전할 수 있었다. 명령 받은 즉시 폭격을 했다면 전쟁에는 이겼겠지만, 우리 조상의 얼이 담긴 덕수궁의 역사적인 문화재는 영원히 사라졌을 것이다.

아름다움의 매력으로 한국을 대표하는 조선왕조의 비운의 궁궐. 가을이면 국화꽃 전시로 계절의 낭만을 만들어 하늘과 땅을 열어주는 곳. 누구나 사랑하는 서울 도심의 대표적인 덕수궁 돌담 산책길인 역사의 애환이 담긴 길. 한국 근대사의 역사를 알고 국유재산인 중요한 대한민국 문화재 덕수궁을 지킨 사람이 미국 군인이라는 걸 알고 있는 사람이 얼마나 있을까?

히틀러에게 약탈당한 세계 명작을 찾아 목숨도 아끼지 않았던 역사 속의 숨은 얼굴들. 미군 3만 6천명 이상이 전투에 숨진 한국전쟁에서 조선 역사에 길이 남을 문화유산을 지키겠다고 고민했던 미국 군인. 그들은 예술품 그 자체를 위대한 인류의 유산으로 보았고 남의 나라의 유적이지만, 찬란한 민족의 혼이 담긴 문화재를 사랑했다. 정직함과 위대함 그리고 인간미가 담긴 역사적 교훈으로 길이 남을 그들의 위대한 정신. 이 모든 것은 역사가 기억해야 할 숭고한 정신이며 우리가 본받아야 할 용기와 이념이라 생각이 된다.

역사 속의 영웅들을 생각하며 밤하늘을 본다. 수많은 별들이 지도를 그리고 있다. 그 별 중에는 삶과 고뇌를 그린 유명한 화가와 조각가들이 함께 살고 있는 별도 있다는 생각이 든다.

예술에 혼을 쏟고, 목숨을 걸고 사라져갈 예술품을 구한 영웅들에게 그 별들은 어떤 풍요로운 그림과 조각으로 감사를 표하고 있을까? 한 줄기 별똥별이 떨어진다. 아름다운 한 편의 그림을 보는 듯 찬란한 불빛이 포근히 세상을 비춘다.

'예술을 길고 인생은 짧다.'

너무도 유명한 히포크라테스의 명언을 생각한다. 우리의 미래를 열어주는 역사 속의 인물들. 예술을 사랑하고 인류를 사랑한 그 영혼의 불꽃은 지구의 끝날까지 우리 마음에 희열과 감동으로 살아있을 것이다.

나는 누구일까? 무엇으로 세상의 빛이 되고, 별빛으로 반짝일까? 늦깎이로 수필가의 길을 걷고 있는 지금의 내 인생을 위해 오늘보다 더 내일을 향해 발버둥쳐야 할까 보다. 단 한 사람이라도 내가 쓴 글에 감동을 느끼기를 소망하면서….

돈으로 살 수 없는 것들

뉴스 제목부터가 이해하기 힘들었다. 땅콩 회항 사건? 신문과 텔레비전에서는 K항공사가 큰 뉴스로 등장하고 있었다. 일등석을 타고 있던 경영인의 2세인 대한항공 부사장이 기내 서비스의 불만을 이유로 뉴욕에서 서울로 이륙 직전 항공기를 돌려 사무장을 내리게 한 것이 원인이었다. 미국에서는 들어보지도 설명할 수도 없는 일이다. 대한민국 헌법 제11조 1항이 '모든 국민은 법 앞에 평등하다.' 그리고 2항에서는 '사회적 특수계급의 제도는 인정되지 아니하며, 어떠한 형태로도 이를 창설할 수 없다.'라고 되어 있다.

국민 여론이 들끓자 국토해양부가 현행 항공법 등을 위반 했는지 정식 조사에 나섰다는 내용이었다. 우월적 지위와 세습적 신분으로 재벌 경영인이 취한 행동이 국민의 분노를 샀다. 조사과정에서 공무상 비밀누설로 국토부조사관이 구속되었다. 국토부 소속 공무원들은 대한항공으로부터 좌석 등급의 혜택을 받아왔다고 한다. 경영자들이 잘못을 인정하고 사과를 해야 할 때 제대로 하지 못해서 문제를 아주 크게 만드는 경우가 바로 이번 사건인 것 같다. 재벌 일가들이 취해왔던 시대에 뒤떨어진 경영문제로 발생한 사태, 그것을 조사하는 정부를 못 믿는다는 여론을 듣고 보니 잠시 동안의 한국방문이 씁쓸하기 그지없었다.

대한항공을 세운 경영인 1세 조중훈 회장은 직물점을 운영하던 아버지의 부도 때문에 휘문고를 중퇴하고 트럭을 몰며 소중한 땀방울을 흘려 해운, 항공, 고속버스 그리고 주한 미8군 정부계약을 맺고 성장시켰다고 한다. 맨손 하나로 대기업 그룹을 만든 그가 크리스마스이브에 장손녀의 구속영장을 상상도 할 수가 있었을까?

땅덩이는 작지만 우리나라는 놀라운 국력 신장을 이루며 최고 선진국으로 발전하는 대단한 나라이다. 지난해 대한민국은 세계발전지수(World Development Indicators) 자료를 보면 국내총생산 및 경제성장률이 세계 14위라고 한다. 그러나 우리의 사고 의식은 어떤가? 선진국에 걸맞지 않게 높은 부정부패가 만연해 있다는 비판이 있다. 더욱 심각한 문제는 부패가 국내에서 그치는 것이 아니라 세계로 수출한다는 오명을 쓰고 있다. 한국보다

부패 점수가 높은 나라는 인도, 필리핀, 베트남 그리고 캄보디아다. 특히 한국정부는 기업 부패에 대한 '솜방망이' 처벌이라는 불명예를 기록하고 있다. 군사력은 세계 9위, 스포츠는 10위권에 들고, 교육열은 세계 4위인 대한민국. 공부만 많이 했다고 매너와 교양이 겸비되는 것은 아니다. 독일처럼 학교에서만 교육받는 것이 아니라 실제 현장에서의 직업교육도 포함되어야 한다고 생각한다.

평등사회에서도 엄연한 '금전주의'는 있다. 우리는 알게 모르게 평등 속에도 등급을 인정하며 살고 있다. 극장이나 공연장만 해도 표값에 따라 좌석이 다르다. 선박이나 비행기표도 그 중 하나다. 비싼 비용을 낸 만큼 그에 합당한 서비스를 받아야 하는 것은 누구나 인정하는 것이다. 그렇지만 돈으로 살 수 없는 것이 있다. 그것은 사람의 품위와 인격이라 생각한다. 책 겉장이 화려하고 멋있어 보여도 그 속에 알맹이가 없으면 책이 아니고 하나의 종잇조각이다. 항공사 경영자의 딸이라도 비행기 탑승 후에는 한 명의 승객이다. 일등석은 돈만 있으면 누구나 탈 수 있지만, 품위와 인격을 갖춘 일등승객은 아무나 되는 것이 아니다. 신중히 앞뒤를 보며 행동하는 사람. 잘못을 시인하고 책임을 질 수 있는 사람. 물론 스스로 책임을 진다는 것은 자기 잘못을 직면해야 하므로 결코 쉬운 일이 아니지만 용기가 있어야 한다. 향기와 빛이 나는 사람. 내면의 빛을 지닐 때 그 사람의 품위와 인격이 나타나는 것이 아닐까 생각한다.

얼마 전에 공동 설문 조사서에 미국에 사는 한국인들이 67%가 이민생활에 만족한다고 한국일보에 기재된 적이 있었다. 이민사회에 고군분투하지만 나름대로 만족하면서 이민의 삶을 이어가고 있다. 미국과 한국 둘 중 하나를 선택하라고 하면 미국에서 살겠다는 사람이 73.6%로 압도적으로 많다. 말이 잘 안 통하고 풍습이 달라도 미국에서 여생을 보내는 것이 낫다는 판단을 내린 것이다. 왜 그럴까? 한번 짚고 넘어갈 문제라고 생각해 본다

공정한 사회, 잘못을 하면, 인정하고 시정하면 용서될 수 있는 사회, 권력 앞에서도 겉마음과 속마음이 같은 사회, 성공한 사람에게서 공통적으로 찾아볼 수 있는 작은 배려의 습관이 몸에서 풍기는 경영인으로 구성된 사회, 교만한 마음은 사람을 떠나게 하고 낮아지는 마음은 사람을 감동케 하는 품위와 인격을 갖춘 일등 국민으로 구성된 사회. 언제 한국은 그런 사회가 될까?

이해와 오해

참 어처구니가 없다. 아무리 생각해 봐도 이해가 안 된다. 내가 무슨 잘못을 했는지 곰곰이 생각하며 반성을 해보지만 어디서부터 무엇이 잘못되었는지 알 수가 없다.

이민생활에서 더불어 살 수 있는 친구를 만들기란 그리 쉬운 일이 아니다. 같은 배 속에서 태어난 형제들도 마음이 안 맞는데 하물며 이국땅에서 전혀 다른 환경에서 자란 사람과 만나 좋은 친구가 된다는 것은 밭에서 별따기보다 힘들다. 인생에서 제일 중요한 것은 만남이라고 생각한다. 인간의 행복과 불행도 만남에서 이루어진다고 본다.

좋은 친구를 만나려면 먼저 내가 좋은 친구가 되어야 한다는 말처럼 나는 누구에게나 친절하고 예의를 지키려고 노력하며 살고 있다. 직장을 다니다 보니 모두 미국인들이기에 한국인들과는 생활, 습관이 달라 더 많은 인내와 깊은 이해심으로 근무 생활을 했다. 작은 말에서 실수나, 생각에서 오는 착오는 사회생활에서부터 나오기에 '로마에 가면 로마법대로 살아야 한다'는 속담처럼 적응하지 못하면 나만 손해고 나 자신만 괴롭히는 결과를 가져오기 때문에 그런 상황을 만들지 않으려고 노력하며 살았다.

직장관계 때문인지 나는 별로 한국 친구를 만날 수 있는 기회가 많지 않았다. 우연한 기회에 한 친구를 만나게 된 것이 15년 전 일이다. 큰 사업을 하는 친구로 미 정부와 수의계약을 주로 하고 내 직업과 관련이 있어 서로 빨리 쉽게 가까워질 수가 있었다. 친구는 씀씀이도 크고 마음이 따뜻하고 넓은 친구다. 이해심이 많아 미국 사회를 잘 알고 이해하고 있어 손쉽게 마음이 통했다. 우리에게는 자식이 없었기에 노인이 되어서도 같이 형제처럼 돕고 살자고 그 친구는 늘 이야기했다. 한국 음식을 자주 해 먹지 못하는 나를 위해 김치도 만들어주고 봄이면 봄나물, 가을이면 내가 잘 먹는 무청을 밭에서 구해서 된장과 함께 볶아 한 번에 한 개씩 먹을 수 있도록 봉지에 넣어 주기도 했다. 좋은 옷을 보면 늘 내 생각이 난다고 사다 주었고, 겨울에 감기 걸리면 먹으라고 꿀과 섞은 인삼을 가져다주며 늘 내 건강을 염려했다. 마치 친정 어머니처럼 잘 돌봐주었다. 우리는 같이 스페인, 프랑스, 멕시코 등지로 그 친구 부부와 여행을 다녔고 서로 자주 안부를 전하면서 15년이란 세월을 함께 형제처럼 보냈다. 근래에 미국의 경제 사정이 나빠진 후 모든 사업이 내리막길로 내려가듯이 그 친구의 사업도 타격을 입기 시작했다.

그래도 경제가 풀려 좋은 날이 올 것이라고 우리 부부는 늘 많은 위로를 하며 같이 다닐 여행 계획도 세웠다.

몇 달 전 우리 부부는 애리조나로 여행을 갔다. 그 친구가 자기 겨울 별장을 빌려준 것이다. 일주일 정도 푹 좋은 곳에서 쉬고 집안 청소를 말끔히 해놓고, 이불 빨래도 말끔히 정돈하고 왔다. 돌아와 고맙다는 인사와 함께 수표를 넣어 감사의 인사를 함께 전했다. 며칠 후 매우 화가 나서 쓴 편지와 수표가 되돌아왔다. 아마 전기세 쓰라고 보낸 돈 때문에 마음이 많이 상했던 것 같았다. 그러나 우리 처지에서 보면 돈 한 푼 안내고 좋은 곳에 가서 일주일 묵고 왔으니 방값은 내지 않아도 우리가 쓰고 온 전기세, 물세 등은 내는 것이 예의라 생각되어 보낸 것이 친구의 마음을 상하게 만들었나 보다. 남편의 이야기는 친구가 사는 집을 우리가 방문했다면 다르지만, 빈집에 가서 잘 쓰고 온 것도 고마운데 우리가 쓴 전기세, 물값을 친구가 내게 하는 것은 예의가 아니라고 했다. 고맙다는 인사와 함께 성의를 해야 한다는 것이다. 아무리 친해도 서로 예의는 지켜야 한다는 것이 나와 남편의 생각이었다.

나도 남편 생각이 옳다고 생각하여 보낸 조그마한 나의 성의가 되돌아온 것이다. 아무것도 받고 싶지 않았던 친구의 마음을 이해하지만, 내 마음을 설명하고 오해를 풀려고 전화를 한 것이 더 큰 화를 불러 왔다. 돈을 받은 친구는 경제적으로 전보다 좋지 않은 환경에 있는 자신이 우리에게서 동정을 받고 있다는 느낌을 받았다고 했다. 그런 것이 아니라는 내 설명도 듣기 전에 '그런 돈이 있으면 거지에게 주라고 하면서' 친구는 전화를 끊었다.

일방적으로 끊어진 수화기를 잡고 한동안 나는 어찌할 줄을 몰랐다. 어처구니없고 모욕감이 들었다. 나 같으면 '성의는 고맙지만, 다음에 만나면 점심이나 사' 했을 것 같은데 내 말도 끝나기 전에 동댕이치듯 전화를 끊어버리니, 그동안에 쌓아올린 15년 우정의 탑이 와르르 무너지는 느낌이었다. 우리의 우정을 모래 위에 쌓았던가? 자존심을 접고 순수한 성의로 받아들일 수도 있었는데, 참으로 유감스러운 일이다. 순간 내가 그 정도밖에 안 보였던가? 설사 우리가 내 동생의 집을 빌려 썼다고 해도 남편과 나는 같은 생각으로 동생에게 성의를 전했을 것이다. 그래야 다음에도 가벼운 마음으로 또 빌려 쓸 수 있다고 생각한다. 정말 감사한 마음에서 보낸 것이 동정으로 오해받을 줄 몰랐다. 그렇게 많은 세월을 함께 보냈는데 어쩌면 나와 남편의 마음을 그런 방향으로 오해하는지 마음이 개운치 않고 많이 무겁다.

이해와 오해는 단 하나의 글자가 틀리지만, 의미는 전혀 다르다. 말로 인하여 받은 마음의 상처는 오랫동안 마음을 무겁게 한다. 말은 한 번 쏟아 놓으면 수습하기 어렵다는 말이 실감난다. 요즘 사람들은 남의 말에 귀를 기울이기보다는 자기 말만 내세운다. 새에게는 둥지가 있고 거미에게는 거미줄이 있듯이 사람에게는 우정이 있다. 그 우정을 말실수로 파괴한다는 것은 큰 낭패라고 생각한다. 후회해 보았자 소용없다는 말처럼 후회한다고 모든 것이 제자리로 돌아갈 수는 없기에 안타깝기 그지없다.

우리는 늘 누구에게 상처를 주고 누군가로부터 상처를 받으며 살아간다. 설령 상처를 받았다고 해도 상대방의 실수를 용서해 줘야하는데 말처럼 쉽지 않은 일이다. 나도 남에게 상처를 준 일이 있을 텐데, 너그럽게 받아주지 못해 돌이킬수록 아쉬움이 크다. 마음의 창을 활짝 열고 수양하는 시간이 필요한가 보다. 시간이 가면 우리도 서로를 수용하며 이해할 때가 오리라 믿는다.

거부는 사랑을 쫓아내고 수용하는 마음은 사랑을 두텁게 할 것이다. 언젠가는 내 마음을 이해하고 친구도 마음의 문을 열 날이 있을 것이다. 중요한 것은 긍정적으로 받아들이는 마음의 자세라고 생각한다. 나는 오늘도 친구의 전화를 기다리고 있다. 친구라는 말보다 아름다운 것은 없다. 잠시의 행복이나 웃음보다 가슴 깊이 남을 수 있는 만남으로 남는 더 소중한 친구가 되고 싶다.

인품이 고스란히 드러난 작품들

이상보
(문학박사 · 국민대학교 명예교수)

김혜자님은 미국 밴쿠버, 워싱턴주에 살면서 그곳 한인문학회와 한국의 조선수필문인 회원으로 활동하고 있는 분이다.

이번에 첫 수필집을 내게 되었으니 기뻐하고 축하할 일이다. 그런데 강병남 회장을 통해서 나더러 평설을 쓰라고 하시니 좋은 인연이라 여기며 정성껏 작품들을 읽어보았다.

「외로워도 참아야지」는 늙으신 엄마를 소재로 삼아 쓴 글이 정겹다. 따로 떨어져 살면서 모처럼 엄마를 찾아와서 느끼는 애틋한 심정을 유창한 글솜씨로 아름답게 표현한 글이어서 읽는 이로 하여금 저마다의 엄마를 그리워하게 하는 서정적인 걸작이다.

「검은 황금의 나라」에서는 글쓴이가 쿠웨이트에서 살면서 그곳 사람들의 삶을 수긍하지 않고, 자신의 삶에 감사하는 크리스천의 모습을 적어낸 글이다. 특히 끝마무리에서 "검은색 금으로 덮인 중동에 잠시 살면서 내가 선택된 사람임을 더욱더 실감했다. 삶을 몸으로 느끼고 배우는 살아있는 교육장이었다. 하나님께 감사하는 마음이 날로 깊어간다. 나는 금보다 자유와 인격을 더 신봉하기 때문이다."라고 서술함으로써 그 글의 주제를 선명히 한 것도 글쓴이가 뛰어난 문장력의 소유자임을 보여주는 증좌이다.

「추억을 파는 마을」은 남편과 브랜슨으로 여행을 가서 쇼와 음악을 감상한 이야기를 쓴 기행문이다. 그리고 미국의 경찰들의 비극적인 현실을 개탄하면서 이 고장처럼 음악으로 아름다운 사회가 되기를 바라는 마음을 피력한 것은 역시 지은이의 준법정신을 강조한 걸작이다.

「피보다 짙은 사랑」은 친구의 남편이 중병을 앓고 있을 때 그들 부부의 깊은 사랑을 보고 쓴 글이다. 그 광경을 보며 자신과 남편이 행복하게 사랑을 피보다 짙게 익어가고자 소망하는 삶의 철학이 아름답다.

「그 남자」는 어렸을 때 만난 남자를 잊지 못하고, 그리워하는 순정을 형상화한 작품이다. 필자의 순수한 서정성을 뛰어난 필력으로 묘사하고 있어 독자의 마음을 감동시키는 걸작이다.

「떠나는 연습」에서는 미국의 여러 가지 세일을 소개하고, 고인들의 유품을 통해 인생의 덧없음을 말하고 있다. 끝에 "이 세상 태어날 때의 자유로움처럼, 떠날 때도 홀가분하게 떠날 수 있도록 하나하나 정리하는 삶을 살아야겠다는 나의 말에 남편도 긍정의 눈빛으로 미소를 흘렸다. 돌아오는 발걸음이 가벼웠다."로 결론을 내린 기-승-전-결이 분명한 문장력이 돋보인다.

「짧지만 긴 여운」에서는 잉카인들이 남겨놓은 마추픽추를 여행하고 쓴 기록이다. 특히 잉카제국에 애정과 슬픔을 느끼고, 정복자인 프란시스코 피사로의 비참한 죽음을 서술한 것은 여행기로서는 뛰어난 작품이라고 할 것이다.

「무지개다리」는 20년이나 워싱턴주에서 살며 하와이에 홀로 사시는 어머니를 그리워하는 딸의 애틋한 심정을 그려놓았다. 90이 넘은 어머니의 건강을 빌며 지난날에 많은 사랑을 받으며 살았던 시절을 그리워하는 심정을 잘 묘사하고 있어 감동을 준다.

「빈 하늘에 던지는 노래」에서는 12년 전에 죽은 동생을 그리워하는 심정을 써놓았다. 읽는 이들도 남매간의 애틋한 사랑에 눈물을 흘릴 수밖에 없는 문장력을 감탄하지 않을 수 없다.

「씨를 뿌린 사람들」에서는 보스턴으로 여행을 가서 영국의 청교도들이 첫 이민을 온 것과 한국인들이 하와이에 이민을 온 역사를 회고하고 있다. 그리고는 몇 해 전에 요르단으로 여행가서 모세를 떠올렸던 일까지 회상하며 쓴 여행기가 걸작이다.

「이별은 사랑의 시작」은 남편이 어렸을 때부터 어렵게 살아온 이야기와 그의 어머니와의 추억담을 통해 모자간의 사랑이 돈독했음을 적고 있다. 끝에 "보석보다 더 빛나는 아들의 어머니 사랑, 찬란한 무지갯빛으로 떠오른 고귀한 사랑, 영혼과 영혼이 맺은 진실한 사랑, 지구가 멸망한다 해도 그 사랑의 불꽃은 꺼지지 않으리라. 이별은 곧 사랑의 시작이 될 테니까…"로 마무리한 솜씨가 놀랍다.

「인연생기」에서는 하와이에 사시는 어머니와 버지니아에 사는 동생 내외를 캘리포니아주 뉴포트비치 리조트에서 만나 함께 보낸 이야기를 쓴 글이다. 가족의 소중함을 일깨워주는 내용에 읽는이의 가슴이 뜨거워지는 교훈을 준다.

「친구라는 말」에서는 한국과 미국인들의 호칭에서 오는 이질감을 말하고 있다. 끝으로 "편견이 없는 사회에서 주름이; 생기지 않는 마음, 희망을 잃지 않는 친절한 마음과 늘 명랑하고 경건한 몸가짐으로 만나는 사람마다 행복을 가져다주는 행복전도사가 되고 싶다."고 한 것은 역시 글쓴이의 마음자리가 높은 곳에 있음을 보여주는 걸작이다.

「하나님의 전화번호」는 참으로 신실한 지은이의 깊은 믿음을 보여주는 명작이다. 날마다 하나님께 기도하는 자신의 삶을 하나님께 전화를 거는 것으로 미화한 수법이 놀랍다.

「기다림 속에서」는 휴전선 앞에서 돌아가신 아버지를 그리워하며 통일을 희망하는 심정을 애처롭고도 아름답게 묘사한 걸작이다. 필자가 다른 나라 미국에서 살며 찾아온 고국이기에 더욱 고향이 그리워 휴전선을 찾은 듯하니 우리의 마음을 고동치게 한다.

「다 지나간다」에서는 러시아의 상트페테르부르크에 여행을 가서 알렉산드르 푸시킨의 시를 떠올린다. 그의 동상 앞에서 지은이는 자신의 지난날을 회상하며 아픔을 견딜 수 있게 해준 시인에게 감사하고 있다. 여행기로서는 특이하게 자신의 삶을 투영시켰다.

「인연을 추억하며」는 크리스마스를 맞아 지난날에 가장 친한 동료들의 카드를 받고, 감회에 젖은 심정을 쓴 글이다. 이제는 모두가 황혼기에 이르러 죽음을 앞둔 이들을 회상하며 쓴 글이 걸작이다.

「나의 소중한 친구」는 구두에 대한 이야기들을 동서고금의 역사 속에서 찾아내어 쓴 글이다. 끝에 가서 "심복처럼 헌신과 충성으로 나와 함께한 소중한 친구"라고 토로한 것은 아주 아름다운 발상이다.

「이름 없는 영웅들」은 남편과 영화를 보러가서 세계 2차대전 때에 히틀러가 세계의 문화유산을 숨겨둔 것을 되찾기 위해 수많은 전문가와 유엔군들이 활약하는 광경을 보고, 한국전쟁(김일

성란) 때 덕수궁을 지켜준 미군장교 제임스 하밀튼 딜의 공적을 밝힌 내용은 읽는 이들에게 커다란 감동을 주고 있다.

「다름과 틀림」은 간결체 문장으로 주제를 잘 살린 글이다. 글쓴이의 인생관과 사회관을 조리있게 설명해 놓은 것이 놀랍다고나 할까?

이처럼 김혜자님의 교양과 인격이 고스란히 작품들에 표현된 것처럼 수필은 바로 작가의 인품을 드러내는 문학인 것이다. 따라서 모든 작품들은 독자들에게 큰 감동을 주는 아름다운 보물이라고 해야 할 것이다.

그의 어머니가 첫 수필집 『인생은 예술품』을 펴내어 따님에게 문학의 향기를 선물했으니 따님도 이 수필집으로써 어머니께 보답하는 효심을 나타낸 것이라 여겨져서 더욱 축하의 박수를 치고 싶다.